イギリス憲法典

―1998 年人権法―

イギリス憲法典
― 1998 年人権法 ―

田 島　裕

訳著

信山文庫

信 山 社

はしがき

 1970年および1973年にストラスブールのヨーロッパ人権裁判所からご招待を受け、その裁判所に関する研究会に出席した。その2回目の訪問ののちにゴルダー判決の判決文をもらい、これを読んで大きなショックを覚えた。帰国後、この判決はジュリストに紹介させていただいたのであるが、その論稿の中で述べたように、ヨーロッパ人権裁判所は、イギリスの囚人が弁護士に相談する権利を刑務所長が否定したことは囚人の人権（ヨーロッパ人権規約第6条）を侵害するものであり、被害者に正当な救済を与えるべしとする判決を出した（ジュリスト645号(1977年) 119‐122頁参照、著作集第8巻『英米法判例の法理論』所収(信山社、2001)）。イギリスという主権国家が、この国際裁判所の判決に従う義務は必ずしもなかったけれども、イギリスはこれに従って改善措置をとった。それ以来、約30年にわたり、ヨーロッパ人権規約を国内法化するべきか否か、熱のこもった議論が続けられてきた（田島裕『イギリス法—その新局面』（東京大学出版会、1981年) 141-153頁参照）。

 ブレア首相が率いる労働党は、この国内法化を主要な政策の1つにかかげ、普通選挙に勝利して政権をとった。その後直ちに、公約どおりこれを実行に移した。1998年11月9日に国会

v

はしがき

を通過した人権法(ヨーロッパ人権規約により保証された権利および自由によりいっそうの効果を与え；ヨーロッパ人権裁判所の裁判官となる一定の司法職をもつ者に関する規定を定め；かつ、関連する諸目的のための法律)は、2000年10月2日から施行された。このことが21世紀のイギリス法制度全体に大きな影響を与えることは明白であり、この立法に注目する必要がある。

この翻訳は2000年10月2日の施行までに間に合わせたいという要望にこたえるために一応の仮訳を示したものであって、再検討を要するものであろう。そもそも本書を「憲法典」と題したことに異論があるかもしれないが、この法律は、いわば違憲立法審査の基礎となる憲法典に相当するものであり、1つ1つの言葉がもつ意味は重い。翻訳の不十分さを補完する意味において、できる限りの注を付し、翻訳の後に解説を付けておいたが、これも限られた時間の間で最善を尽くしたものであるにすぎない。読者の建設的な批判を仰ぎ、将来、より完全なものにする努力を尽くしたい。

本書において The European Convention for the Protection of Human Rights and Fundamental Freedoms を「ヨーロッパ人権規約」と訳したことについても弁明しておこう。国際法研究者の間では、これは「ヨーロッパ人権条約」または「欧州人権条約」と訳されている。しかし、本書ではConventionということばのニュアンスを残すために、あえてこれを規約と訳した。このことばはダイシーが「法の支配」の憲法原理を説明し

はしがき

たときに用いたことばであり、起草者たちがこれを念頭においてConventionということばを選択したことは、ヨーロッパではよく知られた事実である。条約と訳すことに問題があるわけではないが、憲法習律（憲法的慣習法を明文化したもの）であり、この条約に加盟しているか否かに関わらず、守られるべき法規範であるという考えが背後にある。イギリスは長い間この人権規約に留保を付してきたにもかかわらず、ヨーロッパ人権裁判所の判決に従ってきたのは、その考えのためであると思われる。

　本書の出版について、袖山貴氏および信山社の方々に、格別のご配慮をいただいた。ここに感謝の意を表しておきたい。

2000年11月23日

　　　　　　　　　　大塚の研究室にて

　　　　　　　　　　　　　　　　　　　　　　　訳　者

目　次

イギリス憲法典
── 1998年人権法 ──

条文目次

序　説 (*1*)

第1条　規約上の権利 ……………………………………………… *1*
第2条　規約上の権利の解釈 ……………………………………… *3*

立　法 (*5*)

第3条　立法の解釈 ………………………………………………… *5*
第4条　不適合の宣言 ……………………………………………… *5*
第5条　国の干渉権 ………………………………………………… *7*

公 的 機 関 (*8*)

第6条　公的機関の行為 …………………………………………… *8*
第7条　訴 訟 手 続 ………………………………………………… *9*
第8条　司 法 救 済 ………………………………………………… *13*
第9条　司 法 行 為 ………………………………………………… *15*

救 済 措 置 (*16*)

第10条　救済措置をとる権限 ……………………………………… *16*

ix

目　次

その他の権利および訴訟手続 (18)

第11条　既存の人権の保護 …………………………………… 18
第12条　表現の自由 …………………………………………… 19
第13条　思想、良心、信教の自由 …………………………… 20

離脱および留保 (20)

第14条　離　脱 ………………………………………………… 20
第15条　留　保 ………………………………………………… 22
第16条　指定された離脱が有効な期間 ……………………… 23
第17条　指定された留保の定期的再検討 …………………… 24

ヨーロッパ人権裁判所の裁判官 (25)

第18条　ヨーロッパ人権裁判所の裁判官の任命 …………… 25

国会の手続 (27)

第19条　適合性の説明 ………………………………………… 27

補 足 規 定 (28)

第20条　本法による規則等 …………………………………… 28
第21条　解　釈　等 …………………………………………… 29
第22条　略称、施行日、適用および範囲 …………………… 34

目　次

付　則 *(35)*

付則1　人権規定 ··*35*
　　第1部　規約上の人権および自由 ···················*35*
　　第2部　第1付属議定書 ································*43*
　　第3部　第6付属議定書································*44*
付則2　救済規則 ··*45*
付則3　離脱および留保 ······································*49*
　　第1部　離　脱 ···*49*
　　第2部　留　保··*53*
付則4　司法年金 ··*54*

解　説 *(57)*

1　イギリスの国家主権　*(57)*
2　人権の内容　*(58)*
3　司法制度改革　*(61)*
4　ヨーロッパ法の影響　*(63)*
5　国会主権の原則の修正　*(65)*
6　結　語　*(67)*

1998年人権法（Human Rights Act 1998）〔原文〕 ·········*73*

xi

[イギリス憲法典]　　　　　　　　　　　　　　　　　1998年人権法

1998年人権法
― 1998年法律42号 ―

ヨーロッパ人権規約により保障された権利および自由によりいっそうの効果を与え；ヨーロッパ人権裁判所の裁判官となる一定の司法職をもつ者に関する規定を定め；かつ、関連する諸目的のための法律　　　　　　［1998年11月9日制定］
　本国会に集まった聖職並びに世俗の貴族および庶民の助言により、またその同意を得て、かつ、その国会の権限により、女王陛下によって次のように立法される。

序　　説

第1条【規約上の権利】

(1) 本法において、「規約上の権利」[1]とは、規約第16条ない

---

(1) The European Convention for the Protection of Human Rights and Fundamental Freedoms と呼ばれる条約に規定された人権を意味する。ちなみに、この条約は、1950年11月4日にローマにおいて署名され、1953年9月3日に発効した。現在、40数ヵ国がヨーロッパ評議会に加盟している。イギリスは、この法律の締結までは、条約に署名をしたけれども、判決の直接適用は否定してきた。

(2) 第16条は外国人の政治活動の制限を許している。第17条は「国家、集団、または人が権利および自由を破壊する」ことを行うのを禁止しており、第18条は「本規約による制限は明文どおり厳格に解釈される」ことを規定している。

1

1998年人権法　　　　　　　　　　　　　［イギリス憲法典］

し第 18 条[2]と併せて読まれる

(a)　規約第 2 条ないし第 12 条並びに第 14 条[3]、

(b)　第 1 付属議定書第 1 条ないし第 3 条[4]、および

(c)　第 6 付属議定書第 1 条並びに第 2 条[5]

に規定される権利および基本的自由を意味する。

(2)　これらの諸条文は、指定された離脱および留保(これについては第 14 条および第 15 条参照)を付けて、本法の諸目的のために効力を有する。

(3)　人権規定は、付則 1 ［本書 35～44 頁］に記載される。

(4)　国務大臣は、連合王国に関して、付属議定書の効果を反映させるのに適切であると考えるならば、命令 (order) により本法を修正することができる。

(5)　第 4 項において、「付属議定書」とは、

(a)　連合王国が批准した、または

(b)　連合王国が批准を考えて署名した

人権規約の付属議定書を意味する。

(6)　問題の付属議定書が連合王国に関して施行される時より

---

(3)　第 2 条 (生命の権利)、第 3 条 (拷問の禁止)、第 4 条 (奴隷および強制労働の禁止)、第 5 条 (身体の自由および安全の権利)、第 6 条 (公正な裁判を受ける権利)、第 7 条 (法律なければ刑罰なし)、第 8 条 (私生活・家族生活を尊重される権利)、第 9 条 (思想、良心、信教の自由)、第 10 条 (表現の自由)、第 11 条 (集会および結社の自由)、第 12 条 (婚姻の自由)。また、第 14 条は、差別の禁止を規定している ［本書 35～42 頁参照］。

(4)　第 1 条 (財産権の保護)、第 2 条 (教育の権利)、第 3 条 (自由選挙の権利) ［本書 43 頁参照］。

(5)　戦争犯罪以外の、刑罰としての死刑廃止 ［本書 44 頁参照］。

[イギリス憲法典]　　　　　　　　　　　　　1998年人権法

以前に有効となるように、4項による命令によって修正がなされてはならない。

第2条【規約上の権利の解釈】
(1) 規約上の権利と関連して生じた問題に判決を下す裁判所または審判所［第21条(1)の定義参照］は、その裁判所または審判所の意見によれば当該の問題が生じた訴訟に関連する限度で、判決が出されるときは常に、
 (a) ヨーロッパ人権裁判所の判決、決定、宣言、または勧告的意見、
 (b) 規約第31条により採択される報告書の中に書かれた委員会の意見[6]、
 (c) 規約第26条または第27条2項に関する委員会の決定[7]、

---

[6] 裁判所で審理する前に専門委員会が解決を試みることになっており、この解決に失敗したときに、委員会が報告書を提出し、事件が正式に裁判所で審理されていた。1998年の人権法の制定後に、1998年11月からこの委員会は第11付属議定書により廃止されたが、委員会のレポートはその決定とともに事例集（Decisions and Reports）として編纂されており、この規定はこれを参照することを義務づけている。ちなみに、委員会の廃止後、ヨーロッパ人権裁判所は、17名からなる大法廷と7名からなる小法廷に分け、その法廷の中に3名の裁判官からなる予備問委員会（committees）を随時設置できるようにした。ヨーロッパ裁判所の判決等は、http://www.echr.coe.int で読むことができる。
[7] 前注(6)参照。ヨーロッパ人権規約第26条は国際法の「全部の国内法の救済が尽くされていること」を要求する原則を規定していた。第27条2項は、事件の論拠が不十分であること、または請願権の濫用を理由として、裁判所が却下する場合について規定していた。

1998年人権法　　　　　　　　　　　　　　　　　　　［イギリス憲法典］

(d)　規約第46条により出された閣僚委員会の決定[8]、

を考慮に入れなければならない。

(2)　本条により考慮に入れなければならないとされる判決、決定、宣言、または意見の証拠は、規則(rules)によって定めるやり方で、裁判所または審判所の手続に提出されなければならない。

(3)　本条において、「規則 (rules)」は

(a)　スコットランド以外での訴訟手続に関しては、大法官または国務大臣によって、

(b)　スコットランドでの訴訟手続に関しては、国務大臣によって、または

(c)　(i)　回付された諸事項を扱い、また

(ii)　その手段のために(a)により実施される規則がまったくない

　　北アイルランドでの法廷での訴訟手続に関しては、北アイルランド省によって、

作られた裁判所規則を意味する、または、審判所の訴訟手続の場合には、本条の諸目的のために作られた規則を意味する[9]。

---

[8]　第46条は、各規約加盟国が、人権裁判所の管轄権を承認し、直接的執行力を、条件なしにまたは条件付きで、承認できることを規定していた（後掲注(47)を見よ）。

[9]　本条において、とくにスコットランドおよび北アイルランドについて規定しているのは、歴史的な事情によるほか、1998年の地方分権法（Scotland Act 1998, Government of Wales Act 1998, Northern Ireland Act 1998）により、それぞれ一定の自治権が認められることになったため、このような規定になっている。

[イギリス憲法典]　　　　　　　　　　　　　1998年人権法

立　　法

第3条【立法の解釈】
(1) 主たる立法および委任立法は、規約上の権利と適合するように読み、かつ、実施することが可能である限り、そのように読まれ、かつ、実施されなければならない。
(2) 本条は、
  (a) 立法がなされる場合に、主たる立法および委任立法に適用される；
  (b) 不適合のある主たる立法の効力、継続的適用、または強制に影響を与えない；そして
  (c) もし主たる立法が（取消される可能性があることは別として）その不適合の除去を妨げるときは、不適合のある委任立法の効力、継続的適用、または強制に影響を与えない。

第4条【不適合の宣言】
(1) 2項は主たる立法の規定が規約上の人権と適合するかどうかを裁判所が決定する訴訟手続に適用する。
(2) もし裁判所が規定は規約上の権利と適合しないことを認める場合には、裁判所はその不適合を宣言することができる。
(3) 4項は主たる立法によって付与された権限を行使して制定された委任立法の規定が規約上の権利と適合しないことを裁判所が決定する訴訟手続に適用する。

5

1998 年人権法　　　　　　　　　　　　　　　　［イギリス憲法典］

　(4)　もし裁判所が次のことを認める場合には、裁判所はその不適合を宣言することができる：
　　(a)　当該の規定が規約上の権利と適合していないこと、および
　　(b)　主たる立法が（取消される可能性があることは別として）不適合の除去を妨げること。
　(5)　本条において、「裁判所（court）」は、
　　(a)　貴族院、
　　(b)　枢密院司法委員会[10]、
　　(c)　軍法会議上訴裁判所[11]、
　　(d)　スコットランドにおいては、事実審裁判所または大審院としてでなく開廷される司法府高等法院；
　　(e)　イングランドおよびウエールズまたは北アイルランドにおいては、高等法院または控訴院
　を意味する。
　(6)　本条による宣言（「不適合の宣言」）は、
　　(a)　その宣言が出されたことに関係する規定の効力、継続的適用、または強制に影響を与えない；そして

---

[10]　歴史的には英国国王の最高諮問機関であるが、審理する事件がコモンウェルス諸国またはスコットランドからの上訴である場合には、司法委員会が審理に当たることになっている。実質的にはa号の貴族院（最高裁判所）と同じものである。当該関係地域の裁判官等も審理に加わることになっているが、司法慣行としては、実際上参加することはないからである。

[11]　軍法違反や軍の身分をもつ者に関する事件について裁判管轄権をもつ特別裁判所。

[イギリス憲法典]　　　　　　　　　　　　1998年人権法

　(b)　それが宣言された訴訟手続の当事者たちを拘束するものではない。

第5条【国の干渉権】
(1)　裁判所が不適合の宣言を出すべきかどうか検討する場合、国は裁判所規則に従って通知を受ける権利をもつ。
(2)　1項が適用される事件では、
　(a)　国の大臣（または大臣により指名された者）、
　(b)　スコットランド行政府の閣僚、
　(c)　北アイルランド担当大臣、
　(d)　北アイルランド省
　は、裁判所規則に従って通知を受けたときは、当該訴訟手続の当事者として参加する権利を有する。
(3)　2項による通知は、その訴訟の間にいつでも与えることができる。
(4)　2項による通知の結果として（スコットランドにおけるもの以外の）刑事訴訟の当事者とされた者は、許可を得て、その訴訟においてなされた不適合の宣言に対し、貴族院へ上訴することができる。
(5)　4項において、
　「刑事訴訟」は、軍法会議上訴裁判所での全部の訴訟を含む；そして
　「許可」は不適合の宣言をする裁判所による許可または貴族院によって与えられる許可を意味する。

7

1998 年人権法　　　　　　　　　　　［イギリス憲法典］

公 的 機 関

第6条【公的機関[12]の行為】

(1) 公的機関が、規約上の権利と不適合である方法で行為するのは違法である。
(2) 次の場合には、1項は［その］行為に適用されない。
   (a) 主たる立法の1または2以上の規定の結果として、当局はそれ以外の行為をすることができなかった場合；または
   (b) 規約上の権利と適合するようなやり方で読むことのできない、または効果を与えることのできない主たる立法の1もしくは2以上の規定、またはそれにより作られた1もしくは2以上の規定の場合、当該の機関が、その規定に効果を与えた、または強制した場合[13]。
(3) 本条において、「公的機関」は、
   (a) 裁判所または審判所；および

---

[12] 何が公的機関であるか定義することは困難であり、本条3項(b)において、職務上「公的性質」をもつ行為を行う者(機関)も、その限度で同様に扱うことを規定している。また、準公的機関であると認められる場合でも、本条5項により、「私的性質」の職務に対しては、本法を適用しないことにしている。

[13] 本項において「1もしくは2以上」という文言を使っているのは、イギリス法では単数と複数の区別があるためである。イギリス法の厳格解釈に従い、このように表現しない場合には、そのいずれかが除外される。第7条1項(b)および第21条1項において、「1もしくは複数」という表現を採っているのも、同じ理由による。

[イギリス憲法典]　　　　　　　　　　　　　　　1998 年人権法

 (b) その職務が公的性質の職務であることが確実である者を含むが、国会の一院、または国会の手続に関連する職務を行う者

も含む。

(4) 3 項において、「国会」は、司法機能を果たす貴族院を含まない。

(5) 特定の行為に関係して、もしその行為の性質が私的なものである場合には、3 項(b)だけを理由として、人は公的機関とはならない。

(6) 「行為」は、不作為を含むが、

 (a) 法案を国会へ付託または提出しないこと；または

 (b) 主たる立法もしくは救済命令をださないこと

は含まない。

第 7 条【訴訟手続】

(1) 公的機関が第 6 条 1 項によって違法とされるようなやり方で行為した(または行為しようとしている)ことを主張する者は、

 (a) 適切な裁判所もしくは審判所において、当該機関に対して訴訟手続を本法により開始することができる；または

 (b) その訴訟手続において関連する規約上の 1 もしくは複数の人権[14]に頼ることができるが、

---

 [14] 原語は right or rights となっている（前掲注[13]参照）。

9

その者が当該の違法行為の被害者[15]である（または被害者であると思われる）場合に限られる。
(2)　1項(a)において、「適切な裁判所もしくは審判所」[16]は、規則に従って決められた裁判所もしくは審判所を意味する；そして、機関に対する訴訟は、反訴または類似の手続を含む。
(3)　もし訴訟手続が司法審査の訴え[17]によってスコットランドで開始された場合、その訴えは、申立人がその行為の被害者[18]である、または被害者であると思われる場合に限り、当該の違法な行為に関して十分な利害をもつものとみなされる。
(4)　もし訴訟手続が司法審査の請願によってなされる場合、申立人は、その者が当該違法行為の被害者であるか、または被害者であると思われるときに限り、その違法行為について訴えの権原および利益をもつものとみなされる。
(5)　1項(a)による訴訟手続は、
(a)　不服の申し立てられた行為が行われた日から1年の期

---

[15]　後掲注[19]参照。
[16]　イギリスには、準司法機能を果たす「審判所 (tribunals)」が数万も存在している（これについて、田島裕『議会主権と法の支配』（有斐閣、1991年）133-135頁参照）。
[17]　Supreme Court Act 1981, s.31 による訴えを意味するが、司法審査は国王大権 (prerogative) に歴史的起源があり、司法裁量に服するので、「請願」と呼ばれる。その審査の内容は、違法性 (illegality)、不合理性 (irrationality)、手続的不適切 (procedural impropriety) である。Council of Civil Service Unions v. Minister for the Civil Service, [1985] A.C. 374.
[18]　後掲注[19]参照。

[イギリス憲法典]　　　　　　　　　　　　1998年人権法

　　　間；または
　(b)　裁判所もしくは審判所が、すべての諸情況を考慮して公平であると考えるもっと長い期間
　が終了する前に提起されなければならない。しかし、当該の訴訟手続に関連してもっと厳格な期限を定めている規則があるときは、これに従う。
(6)　1項(b)において、「訴訟手続（legal proceedings）」は、
　(a)　公的機関によって、または公的機関の示唆で、開始された訴訟手続；および
　(b)　裁判所もしくは審判所の決定に対する上訴
　を意味する。
(7)　本条の諸目的のために、もし訴訟手続がその行為に関してヨーロッパ人権裁判所で提起されたならば、規約第34条の諸目的のために被害者であると思われる場合にのみ、人は違法な行為の被害者である[19]。
(8)　本法のいかなる規定も刑事犯罪を生むものではない。
(9)　本条において、「規則（rules）」は、
　(a)　スコットランド以外の裁判所または審判所での訴訟手続に関しては、本条の諸目的のために大法官または国務大臣により出された規則または裁判所規則を意味する。

---

[19] 1988年11月の改正後の規約第34条は、「個人の訴え（individual applications）」について規定し、「規約またはその付属議定書に規定した権利の条約締結国による侵害の被害者（victim）」は訴えの利益をもつことを認めている。ここにいう個人は、「個人（person）、非政治団体、または個人のグループ」を指している。

11

1998年人権法　　　　　　　　　　　　　　　［イギリス憲法典］

　(b)　スコットランドにおける裁判所または審判所での訴訟手続に関しては、その諸目的のために国務大臣によって出された規則を意味する。

　(c)　北アイルランドにおける審判所での訴訟手続であって、
　　(i)　移付された事件を扱うものであり、かつ、
　　(ii)　それについて(a)により出された規則が実施されていないもの

　　に関しては、その諸目的のために北アイルランド省によって出された規則を意味し、

命令の形で1990年の裁判所および法律実務に関する法律第1条[20]により出される規定を含む。

(10)　規則を制定するとき、第9条に考慮が払われなければならない。

(11)　特定の審判所に関連して規則を制定する権限をもつ大臣は、その審判所が、第6条1項の結果として違法である（または違法と思われる）公的機関の行為（または行為案）に関係して、命令（order）により、

(a)　当該の審判所が付与しうる救済または救済方法；または

(b)　当該の審判所がそのいずれであれ付与しうる根拠

に付加できるようにするために必要であると考える限度で、

---

[20]　Courts and Legal Services Act 1990, s.1 は、高等法院等の裁判所の管轄権および手続に関して、大法官が規則を制定する権限を付与している。

12

[イギリス憲法典]　　　　　　　　　　　　1998年人権法

適切な救済方法を規定することができる。
(12)　11項により作られた命令は、それを出す大臣が適切であると考えるような、付随的、補足的、結果的、または経過的規定を含むことができる。
(13)　「大臣」は、関連する北アイルランド省を含む。

第8条【司法救済】
(1)　裁判所が違法である（または違法であると思われる）と認定する公的機関の行為（または将来の行為）に関連して、当該裁判所は、その権限によって、自分が公正で適切であると考えるような救済または救済方法を付与する、あるいは命令を出すことができる。
(2)　ただし、損害賠償は、民事訴訟において、損害賠償を認める権限をもつ、または補償の支払いを命ずる権限をもつ裁判所だけが、認定することができる。
(3)　損害賠償の認定は、
　(a)　（当該裁判所またはその他の裁判所が）問題の行為に関係して認めた救済もしくは救済方法、または出した命令；および
　(b)　当該行為に関係する（当該裁判所またはその他の裁判所の）決定の効果
を含め、その事件の全部の諸情況を考慮して、当該の裁判所が、勝訴判決を受ける者に正当な満足[21]を与えるために

---
(21)　本書68頁の注(4)を見よ。

1998年人権法　　　　　　　　　　　　　　［イギリス憲法典］

その裁定が必要であると認める場合でなければ、なされてはならない。
(4) (a) 損害賠償を認めるかどうか、または
　　(b) その裁定の金額
を決定するに当たり、裁判所は、規約第41条[22]による補償の認定に関連してヨーロッパ人権裁判所によって適用された諸原則を考慮に入れなければならない。
(5) 損害賠償が認められて敗訴した公的機関は、次のように扱われる。
　(a) スコットランドにおいては、1940年法改革(雑則)(スコットランド)法第3条の諸目的[23]のために、当該の賠償がなされる相手方に対する損失または損害に関して、当局に責任があると認められた損害賠償請求訴訟において、その賠償がなされる；
　(b) 1978年民事責任(寄与)法の諸目的[24]のために、当該の賠償がなされる相手方が被った損害について責任がある。
(6) 本条において、
「裁判所」は審判所を含む；

---

[22] 人権裁判所の裁判官は、閣僚委員会 (Committee of Ministers) が決定する日当による報酬額を受理することになっている。
[23] 損失または損害の額の計算について、イングランドの場合と違いうるので、その調整を規定している。
[24] 侵害者が複数いる場合には、各々が連帯共同責任を負うことを規定している。

[イギリス憲法典]　　　　　　　　　　　　1998年人権法

　「損害賠償」は、公的機関の違法行為に対する損害賠償を意味する；そして、
　「違法」は、第6条1項により違法であることを意味する。

第9条【司法行為】
(1)　司法行為に関する第7条1項(a)による訴訟手続は、
　(a)　上訴権の行使により；
　(b)　司法審査の訴え（スコットランドでは請願）により；または
　(c)　規則によって規定されるその他の法廷において、
のみ提起されうる。
(2)　この規定は、裁判所が司法審査に服するのを妨げる法のルール[25]に影響を与えるものではない。
(3)　信義誠実になされた司法行為に関する本法による訴訟手続において、損害賠償は、規約第5条5項[26]によって要求される限度で人に補償を与えること以上に、別途認定されてはならない。
(4)　3項によって許される損害賠償の認定は、国に対してなされなければならない；しかし、適切な者が訴訟の当事者でないときは、訴訟参加させられる場合でなければ、いか

---
[25]　いわゆる"ouster clauses"（司法審査否認条項）がその典型的なものである（例えば、Foreign Compensation Act 1950, §4(4)）。
[26]　違法な逮捕または拘留を受けた被疑者に対する補償を認めている［本書38頁］。

15

1998年人権法 　　　　　　　　　　　[イギリス憲法典]

なる認定もなされてはならない。
(5) 本条において、
　「適切な者」とは、関連する裁判所について責任を負う大臣、またはその大臣によって任命された者もしくは省庁を意味する；
　「裁判所」は審判所を含む；
　「裁判官」は、審判所の審判員、治安判事、および裁判所の管轄権を行使する権利をもつ書記官もしくはその他の職員を含む[27]；
　「司法行為」は、裁判所の司法行為を意味し、裁判官の指図により、もしくは裁判官に代わって、なされた行為を含む；そして
　「規則 (rules)」は、第7条9項にいう意味と同一のものを意味する。

　　　　　　　　　救 済 措 置

第10条【救済措置をとる権限】
(1) 本条は、以下の場合に適用する。
　(a) 立法の規定が、第4条により、規約上の権利と適合しないと宣言され、かつ、上訴がなされたとき、
　　(i) 上訴できるすべての者が、上訴する意見をもたない

---
[27] 治安判事裁判所においては、裁判官が素人であり、一定の限度で書記官が裁判に関与することになっているし、審判所(準司法的機関)においては、行政官が予備的審問を行うことがある。

ということを書面に記載した場合；
　　(ii) 上訴を提起する期限が徒過し、かつ、その期間内に上訴がなされなかった場合；または
　　(iii) その期間内に提起された上訴が、決定されたか、もしくは放棄された場合；または
　(b) 国の大臣または枢密院における女王[28]が、本条が実施された後に、連合王国を相手とする訴訟手続におけるヨーロッパ人権裁判所の事実認定に鑑みて、立法の規定は、規約から生ずる連合王国の義務に適合していないと思料する場合。
(2) もし国の大臣が、本条による手続をとるべき強力な理由があると考える場合、当該大臣は、命令 (order) の形で不適合を取除くために必要と考えるような立法の修正をすることができる。
(3) もし委任立法の場合、国の大臣が、
　(a) その不適合を取除くために、問題の委任立法が作られる基礎となる主たる立法を修正する必要がある；また
　(b) 本条による手続をとるべき強力な理由が存在すると考える場合には、当該大臣は、命令によって、必要であると考える主たる立法に対する修正をすることができる。
(4) 本条はまた、問題の規定が委任立法の中にあり、規約上の権利との不適合を理由として、否認されたかまたは無効

---

[28] スコットランドや北アイルランドに対する規則を制定する場合には、「枢密院における女王」の名によってなされることになっている。

1998年人権法　　　　　　　　　　　　　　［イギリス憲法典］

と宣言された場合にも適用があり、当該の大臣が付則2第2条(b)［本書46頁］により進めることを提案する場合にも適用される。
(5)　もし立法が枢密院令[29]である場合、2項および3項によって付与される権限は、枢密院における女王によって行使される。
(6)　本条において、「立法」は、教会会議決議またはイングランド教会一般評議会決議[30]を含まない。
(7)　付則2［本書45〜48頁］は、救済規則について細則を定める。

その他の権利および訴訟手続

第11条【既存の人権の保護】

人が規約上の人権に頼ったからといって、
　(a)　連合王国のいずれかの地域で効力をもつ法によって、もしくは法に基づき、その者に付与された他の権利または自由；または
　(b)　第7条ないし第9条とは別にその者が請求できるまたは提起できる請求権または提訴権
を制限するものではない。

---

[29]　スコットランドや北アイルランドに関する規則。
[30]　イングランド教会は国教であり、その僧職の身分の者にかかわる事件は、教会法によって解決される。教会法の基本法は決議という形をとっている。

[イギリス憲法典]　　　　　　　　　　　　　1998年人権法

第12条【表現の自由】

(1) 本条は、もし救済が与えられる場合、規約上の表現の自由の権利行使に影響を与えうるような救済を付与するかどうか、裁判所が検討する場合に適用される。

(2) もし救済を求める訴えの相手方(被告)が、出頭しておらず、弁護人も立てていない場合、裁判所は、

  (a) 申立人が被告に通知するあらゆる手段をとっていること；または

  (b) 被告に通知を与えるべきでない強力な理由が存在すること

を確信する場合でなければ、そのような救済は、付与されてはならない。

(3) かかる救済は、申立人は当該の出版が許されるべきではないということを立証しそうであると裁判所が確信する場合でなければ、審理前に出版を抑止するように、付与されるべきではない。

(4) 裁判所は、表現の自由のための規約上の権利の重要性に特別の考慮を払わなければならず、また、その訴訟手続がジャーナリスティック、文学的、または芸術的なものであると申立人が主張する物 (material) (またはそのような物と関連する行動)、または裁判所にそのようなものであると思われる物に関係する場合、

  (a) (i) その物を大衆が入手できるようにされたか、されかけているか、またはされるようになる限度で、または

1998年人権法　　　　　　　　　　　　　　　　［イギリス憲法典］

　　　　　(ii)　その物を出版することが公共の利益になる、ま
　　　　　　　たは利益になると思われる限度で、
　　　(b)　関連するプライヴァシー法典[31]
　　に特別な考慮を払わなければならない。
　(5)　本条において、
　　「裁判所」は、審判所を含む；そして
　　「救済」は、救済方法または（刑事訴訟における命令以外の）
　　命令を含む。

第13条【思想、良心、信教の自由】

　(1)　もし本法により生ずる問題の裁判所の決定が、規約上の
　　思想、良心、信教の自由の宗教団体（団体自身またはその構
　　成員の集団）による行使に影響を与える場合には、裁判所は
　　その権利の重要性に特別の考慮を払わなければならない。
　(2)　本条において、「裁判所」は審判所を含む。

離脱および留保

第14条【離　脱】

　(1)　本法において、「指定された離脱」は、
　　(a)　規約第5条3項［本書37頁][32]からの連合王国の離脱；

---

　(31)　原文は Privacy Code となっており、放送協会などの団体が作成する
　　　判断基準を指すものと思われる（なお、本条の解釈を論じた最近のイギ
　　　リスの貴族院判例として、Reynolds v. Times Newspapers Ltd.,
　　　[1999] 4 All ER 609 参照）。

20

[イギリス憲法典] 1998年人権法

　　および
　(b) 国務大臣によって出される命令の中に本法の諸目的のために指定される、規約の規定または規約付属議定書の規定からの連合王国による離脱

　を意味する。
(2) 　1項(a)に述べた離脱は、付則3の第1部［本書49〜53頁］に記載される[33]。
(3) 　もし指定された離脱が修正される場合または取替えられる場合には、その離脱は指定された離脱ではなくなる。
(4) 　ただし、3項は、国務大臣が1項(b)により関連規定に関して新しく指定命令を出す権限を妨げるものではない。
(5) 　国務大臣は、命令（order）の形で、
　(a) 指定命令；または
　(b) 　3項の効果

　を反映するのに適切であると考えるような付則3の修正をしなければならない。
(6) 　指定命令は、連合王国による離脱案の作成を見越して作

---

[32] 規約第5条3項は、逮捕・拘留の適正手続を規定している。また本書51頁に説明されているように、Brogan v. United Kingdom, [1988] 11 EHRR 117において、ヨーロッパ人権裁判所は北アイルランドのテロ行為に関する裁判において規約第5条3項の違反を認めたのであるが、この事件はイギリスの特殊な政治事情によるものとして留保を付したものである。ちなみに、その事件では、北アイルランドのテロ行為を禁止した臨時特別措置法では、被疑者を裁判前に7日間拘留することを許しており、4日以内とするヨーロッパ基準に違反しているとするものであった。

[33] この「離脱」は前注[32]で述べたような北アイルランドのテロ行為の取締りに関するものである。

21

られてもよい。

第15条【留　保】

(1) 本法において、「指定された留保」は、
  (a) 規約第1付属議定書第2条[本書43～44頁]に対する連合王国の留保[34]；および
  (b) 規約または規約の付属議定書の規定に対する連合王国によるその他の留保であって、国務大臣によって出される命令（order）の中で、本法の諸目的のために指定されるもの

を意味する。

(2) 1項(a)に述べた留保の正文は、付則3の第2部[本書53頁]に記載される。

(3) もし指定された留保が全部または一部取除かれる場合、それは指定された留保ではなくなる。

(4) ただし、3項は、国務大臣が1項(b)により関連規定に関して新しく指定命令を出す権限を妨げるものではない。

(5) 国務大臣は、命令（order）の形で、
  (a) 指定命令；または
  (b) 3項の効果

を反映するのに適切であると考える本法の修正をしなければならない。

---

[34] 第1付属議定書の「教育権」に関するものである。この「教育権」の問題は義務教育の一部としての宗教教育に関する部分であると思われる（ちなみに、イギリスではイングランド教会が国教と認められている）。

[イギリス憲法典]　　　　　　　　　　　　　1998年人権法

第16条【指定された離脱が有効な期間】

(1) もし連合王国によってその離脱が既に取除かれていないときは、指定された離脱は、次の時点で本法の諸目的のために効力を失うものとする。

(a) 第14条1項(a)に述べた離脱の場合、第1条2項が実施された日に始まる5年の期間の終了時；

(b) その他の離脱の場合、それを指定する命令が出された日に始まる5年の期間の終了時。

(2) (a) 1項(a)または(b)によって定められた期間、または

(b) 本項による命令によって拡張された期間

が終了する前ならばいつでも、国務大臣は、命令 (order) により、さらに5年の期間まで延長することができる。

(3) 第14条1項(b)による命令は、当該の命令を承認する各院による決議が通過した場合でなければ、考慮期間の終了時に失効する。

(4) 3項は、

(a) 当該の命令に頼ってなされた行為；または

(b) 第14条1項(b)により新しい命令を出す権限

に影響を与えない。

(5) 3項において、「考慮期間」は、当該命令が出された日に始まる40日の期間を意味する。

(6) 考慮期間を計算するに当たり、

(a) 国会が解散または閉会している間；または

(b) 両院が4日以上に渡り延期されている

期間は計算に入れてはならない。

1998 年人権法　　　　　　　　　　　［イギリス憲法典］

(7) もし指定された離脱が連合王国によって取り下げられた場合には、国務大臣は、命令（order）によって、その取り下げを反映するのに必要であると考えるような本法の修正をしなければならない。

第 17 条【指定された留保の定期的再検討】

(1) 担当大臣は、第 15 条 1 項(a)に述べた指定された留保を、
  (a) 第 1 条 2 項が実施される日に始まる 5 年の期間が終了する前；また
  (b) もし当該指定がまだ実施されている場合、3 項により提出される、それに関係する最終報告書の日付に始まる 5 年の期間が終了する前
  に再検討しなければならない。

(2) 担当大臣は、その他の指定された留保（もしあれば）を各々、
  (a) 留保を指定する命令が最初に実施された日に始まる 5 年の期間が終了する前で；かつ、
  (b) もし当該の指定がなお実施されている場合には、3 項により提出される、それに関連する最終報告書の日付に始まる 5 年の期間が終了する前
  に再検討しなければならない。

(3) 本条により再検討を行う大臣は、その再検討の結果について報告書を準備し、国会の各院にそのコピーを提出しなければならない。

[イギリス憲法典]　　　　　　　　　　　　　　　1998年人権法

ヨーロッパ人権裁判所の裁判官

第18条【ヨーロッパ人権裁判所の裁判官の任命】[35]
(1) 本条において、「司法官」とは、次の職を意味する。
　(a) イングランドおよびウェールズでは、上訴裁判官卿[36]、高等法院裁判官および巡回裁判官；
　(b) スコットランドでは、大審院裁判官およびシェリフ；
　(c) 北アイルランドでは、上訴裁判官卿、高等法院裁判官および県裁判所判事。
(2) 司法官の職にある者は、その職を放棄することを要求されることなく、ヨーロッパ人権裁判所(「同裁判所」)の裁判官となることができる。
(3) ただし、その者は、同裁判所の裁判官である間は、司法官の義務を行うことを要求されない。
(4) その者が同裁判所の裁判官である期間に関して、
　(a) 上訴院裁判官卿または高等法院裁判官は、1981年の最高法院法第2条1項または第4条1項(裁判官の最大限度数)の諸目的のために関連裁判所の裁判官として、また、同法第12条1項ないし6項の(俸給等)の諸目的のために最高法院の裁判官として、扱われない；
　(b) 大審院の裁判官[37]は、1988年の大審院法第1条1項

---

[35] この条文は、ヨーロッパ人権裁判所の裁判官に任命された場合の裁判官の補充、当該裁判官の人事上の扱いなどについて規定している。本条で言及されている法律の条文は、すべてこれに関係する。

[36] Lord Justice of Appeal の訳(控訴院に配属される裁判官をいう)。

25

1998年人権法　　　　　　　　　　　　　　　　[イギリス憲法典]

（裁判官の最大限度数）または1973年の裁判法（「1973年法」）第9条1項(c)（俸給等）の諸目的のために、その裁判所の裁判官として扱われない；

(c) 北アイルランドの上訴院裁判官卿または高等法院裁判官は、1978年の司法府（北アイルランド）法第2条1項または第3条1項（裁判官の最大限度数）の諸目的のために関連裁判所の裁判官として、また、1973年法第9条1項(d)（俸給等）の諸目的のために、北アイルランドの最高法院の裁判官として扱われない；

(d) 巡回裁判官は、1971年の裁判所法第18条（俸給等）の諸目的のために、そのような裁判官として扱われない。

(e) シェリフ⑻は、1907年のシェリフ裁判所（スコットランド）法第14条（俸給等）の諸目的のために、そのような裁判官として扱われない。

(f) 北アイルランドの県裁判所の裁判官は、1959年の県裁判所法（北アイルランド）第106条（俸給等）の諸目的のために、そのような裁判官として扱われない。

(5) もし首席シェリフが裁判所の裁判官に任命される場合、1971年のシェリフ裁判所（スコットランド）法第11条1項（臨時首席シェリフの任命）は、当該裁判官がその任命の職に

⑺ A judge of the Court of Session の訳であるが、この裁判官は前注⑻のイングランドにおける Lord Justice of Appeal に相当する裁判官である。

⑻ Sheriff はイングランドにおける高等法院裁判官に相当するスコットランドの裁判官。

[イギリス憲法典]　　　　　　　　　　　　1998年人権法

ある間は、その者の職が空席であるかのように、適用される。
(6) 付則4［本書54-56頁］は、同裁判所の裁判官として奉仕する司法職の保持人に関して、司法年金について規定する。
(7) 大法官または国務大臣は、同裁判所の裁判官としての役務を完了した司法職の保持人に関して、その者が適切であると考えるような暫定規定(とくに、裁判官の最大限度数の暫定的増加についての規定を含む)を命令（order）の形で定めることができる。

国会の手続

第19条【適合性の説明】
(1) 国会の1院において法案に責任を負う国の大臣[39]は、当該法案の第2読会の前に、
　(a) その者の見解によれば、当該法案の規定は規約上の権利に適合するという趣旨の説明（「適合性の説明」）をしなければならない[39]；または
　(b) その者は適合性の説明をすることができないけれども、それにもかかわらず政府は当該の法案を当院に提出することを望んでいるという趣旨の説明をしなければならない。
(2) 説明は書面によらなければならず、また、説明をする大

---
[39] この職務を遂行するために憲法学者を最初のコンプライアンス・オフィサとして任命する予定であると聞いている（なお、第2読会について、拙著・前掲注(10)50頁参照）。

1998年人権法　　　　　　　　　　　　　　［イギリス憲法典］

臣が適切であると考える方法で公表されなければならない。

補　足　規　定

第20条【本法による規則等】
(1) 本法により命令（order）を作成する国の大臣[40]の権限は、規則（statutory instruments）の形で行使することができる。
(2) 第2条2項または第7条9項により（裁判所規則以外の）規則（rules）を作る大法官または国務大臣の権限は、規則の形で行使することができる。
(3) 第14条、第15条または第16条7項により出される命令は、国会での審議に付されなければならない。
(4) 命令の草案が国会の各院に提出され、かつ、承認された場合でなければ、大法官または国務大臣は、第1条4項、第7条11項、または第16条2項による、いかなる命令も出すことはできない。
(5) 第18条7項または付則4［本書54〜56頁］により作られた規則、または2項が適用される規則は、国会のいずれかの院の決議に従って無効とされることがある。
(6) 北アイルランド省の

---

[40] A Minister of the Crown の訳。2項の「国務大臣（the Secretary of State）」よりは広い概念であり、これに該当する大臣は100名を超える。イギリスでは、すべての大臣が閣僚メンバーではない（第21条1項の定義参照）。

[イギリス憲法典] 1998年人権法

   (a) 第2条3項(c)または第7条9項(c)により規則を作る権限；または
   (b) 第7条11項による命令を出す権限
   は、1979年の制定規則（北アイルランド）令の諸目的のために規則の形で行使することができる。
(7) 第2条3項(c)または第7条9項(c)により作られた規則は、否定決議に服するものとする；また、1954年の法解釈法（北アイルランド）第41条6項（「否定決議に服する」の意味）は、当該の規則を作る権限が北アイルランド議会の法律によって付与されたものとして、適用される。
(8) 北アイルランド省は、当該命令の草案が北アイルランド議会に提出され、その承認を得た場合でなければ、第7条11項によりいかなる命令も出してはならない。

第21条【解釈等】

(1) 本法において、
   「修正」は、（改正のない、または改正を付した）廃止および適用を含む。
   「担当大臣」は、（1947年の国家訴訟手続法[41]にいう意味での）適切な授権を受けた政府の省に責任を負う、国の大臣を意味する。

---

[41] いわゆる行政訴訟について定めた法律であり、mandamus, prohibition, certiorari などの手続を規定している（伊藤＝田島『英米法（現代法学全集48）』（筑摩書房、1985年）201-207頁、とくに注(22)を見よ）。

1998年人権法　　　　　　　　　　　　　　　　［イギリス憲法典］

　「委員会」は、ヨーロッパ人権委員会[42]を意味する。

　「規約」は、1950年11月4日にローマにおいてヨーロッパ評議会によって合意された、人権および基本的自由の保護のための規約であって、連合王国に関連して現在効力を有するものを意味する。

　「不適合の宣言」は、第4条による宣言を意味する。

　「国の大臣」は、1975年の国の大臣に関する法律でいう大臣と同一の意味をもつ。

　「北アイルランド大臣」は、北アイルランドにおける第一大臣および代理第一大臣を含む。

　「主たる立法」は、次のものを意味し、主たる立法による命令もしくはその他の規則（ウェールズの国民議会、スコットランド執行部［大臣］、北アイルランド大臣もしくは北アイルランド省によるものを除く）が当該立法の1または複数の規定を運用する、あるいは主たる立法を修正する限度において、かかる命令もしくはその他の規則を含む。

(a)　一般法律；

(b)　地方および個別法律；

(c)　私法律[43]

(d)　教会会議の立法決議（Measure）；

---

[42]　この委員会は1998年11月に廃止された（前掲注(6)参照）。

[43]　Private Actの訳であるが、(a) Public Actおよび(b) Specific Actが一般的適用を前提として立法されるのに対し、私法律は1人の者（団体を含む）に対してのみ適用される。たとえば、特定の者の離婚を承認する法律などがその例である。

[イギリス憲法典]　　　　　　　　　　　　　　　　1998年人権法

  (e)　イングランド教会の一般評議会の立法決議；
  (f)　(i)　国王大権を行使して作られた；
    (ii)　1973年の北アイルランド憲法第38条1項(a)または1998年の北アイルランド法のそれに対応する規定により作られた[44]；または
    (iii)　(a)、(b)または(c)で述べた種類の法律を修正する
枢密院令。

「第1付属議定書」[本書43頁]は、1952年3月20日にパリで合意された規約に付属する議定書を意味する。

「第6付属議定書」[本書44頁]は、1983年4月28日にストラスブールで合意された規約に付属する議定書を意味する。

「第11付属議定書」[45]は、1994年5月11日にストラスブールで合意された規約に付属する議定書（規約によって確立された統治機構の再構築）を意味する。

「救済命令」は第10条による命令を意味する。

「委任立法」は、
(a)　(i)　女王の国王大権を行使して作られたもの；
　　(ii)　1973年の北アイルランド憲法第38条1項(a)また

---

[44]　Northern Ireland Constitution Act 1973, s.38 は、枢密院における女王の立法権について規定しており、普通選挙の手続などはこの枢密院令によって定められることになっている。Northern Ireland Act 1998 によって北アイルランドの自治権が強化されたが、同法95条は、その立法権は存続されることを規定している。

[45]　規約第2章（第19条ないし第51条）を修正したもので、これらの条文は、ヨーロッパ人権裁判所の構成、裁判官の員数、資格、罷免、その他手続について規定している。

31

1998年人権法　　　　　　　　　　　　　　　　［イギリス憲法典］

　　　　は 1998 年の北アイルランド法のそれに対応する規
　　　　定により作られたもの；または
　　(iii)　主たる立法の定義の中で述べられた種類の法律を
　　　　修正するもの；
　　以外の枢密院令；
　(b)　スコットランド議会の法律；
　(c)　北アイルランド議会の法律；
　(d)　1973 年の北アイルランド議会法第 1 条によりなされ
　　た議会の立法決議；
　(e)　北アイルランド議会の法律；
　(f)　主たる立法により出された省令、規則、政令、計画、
　　令状、市条例、またはその他の制定規則(当該立法の 1 ま
　　たは複数の規定を実施するよう運用される、または主たる立
　　法を修正する限度のものは除く)；
　(g)　(b)、(c)、(d)または(e)に定める立法により出された、ま
　　たは北アイルランドだけに適用される枢密院令により出
　　された、省令、規則、政令、計画、令状、市条例、また
　　はその他の制定規則；
　(h)　スコットランド執行部［大臣］、北アイルランド大臣も
　　しくは北アイルランド省が、女王のためにその者によっ
　　て行使されうる、女王の大権またはその他の職務を実行
　　して出された省令、規則、政令、計画、令状、市条例、
　　またはその他の制定規則
　を意味する。
　　「付託された事項」は、1998 年の北アイルランド法に

[イギリス憲法典]　　　　　　　　　　　　　　1998年人権法

　　おける文言と同じ意味をもつ。
　　　「審判所」は、訴訟が提起されうるすべての審判所を意味する。
(2)　第2条1項(b)および(c)において人権規定へ言及した文章は、第11付属議定書[46]が実施される直前に効力をもっていた規約の諸条項へ言及するものである。
(3)　第2条1項(d)において第46条へ言及した文章は、第11付属議定書が実施される直前に効力をもっていた規約第32条および第54条への言及を含む[47]。
(4)　第2条1項において委員会の報告書もしくは決定、または閣僚委員会の決定へ言及した文章は、第11付属議定書第5条(経過規定)3項、4項および6項によって定められたように出される報告書もしくは決定への言及を含む[48]。
(5)　1955年の軍隊に関する法律、1955年の空軍に関する法律、または1957年の海軍規律に関する法律により、犯罪に

---

[46]　前掲注(45)参照。
[47]　ヨーロッパ人権規約第47条は、その条約の解釈および適用を事実上(compulsory ipso facto)強制力をもつものと扱うことを許している。同第54条により裁判所の判決は閣僚委員会（Committee of Ministers）に移付され、この委員会が判決の執行について検討し、監督することになる。また、同第32条は、予備審問の結果作成されたレポートに従って、裁判所の正式な審理のために提訴されなかった場合、閣僚委員会は3分の2の多数決によって事件を政治的に処理できることを規定している。
[48]　前掲注(6)で述べたように、人権委員会は第11付属議定書によって廃止されたが、すでにその委員会が予備審問を開始した事件については、引続き改正前の人権規約に従って処理される旨を規定している。その報告書または決定も、従来のものと同じものとして扱われる。

33

1998年人権法　　　　　　　　　　　［イギリス憲法典］

　対し死刑に処せられる責任は、これらの法律によって認められる無期懲役以下に処せられる責任と置き換えられる[49]；従って、これらの法律は、必要な修正を付して実施されるものとする。

第22条【略称、施行日、適用および範囲】

(1) 本法は、1998年人権法として引用することができる。

(2) 第18条、第20条並びに第21条5項および本条は、本法が制定されたときに発効する。

(3) 本法のその他の規定は、国務大臣が命令によって指定する日に発効する；そして、異なった目的のために異なった日が指定されてもよい。

(4) 第7条1項(b)は、問題の行為が行われたときに、公的機関によって提起された、または指図で提起された、訴訟手続に適用されるが、同項は、その他の場合には、本条が実施される前に行われた行為には適用されない。

(5) 本法は国を拘束する。

(6) 本法は北アイルランドにも適用される。

(7) 第21条5項は、1955年の軍隊に関する法律、1955年の空軍に関する法律、または1957年の海軍規律に関する法律に含まれる規定に関係する限り、その規定が適用される場所にも拡張される。

---

[49] 第6付属規定書第2条［本書44頁］は、軍隊に関しては「死刑」を存続できる旨を規定しており、イギリスでは、軍事犯罪に関しては死刑を原則としている。

[イギリス憲法典]　　　　　　　　　　1998年人権法　付則1

付　則

付則1（第1条3項）人権規定

第1部　規約上の人権および自由

第2条【生命の権利】

(1) すべての者の生命の権利は、法によって保護される。何人も、法によってその刑罰〔死刑〕が規定される犯罪の有罪判決に従う裁判所の判決の執行としての場合を除き、故意にその者の生命を奪われることはない。

(2) 生命の剥奪は、
 (a) 違法な暴力から人を防衛するとき；
 (b) 適法な逮捕を行うため、または適法に拘留された者の逃亡を防ぐため；
 (c) 暴動または反乱を鎮めることを目的として取られた適法な行動において
絶対的に必要な力の行使の結果である場合、
本条に違反して科されたものであるとみなされない。

第3条【拷問の禁止】

　何人も、拷問に、または非人道的もしくは屈辱的扱いまたは刑罰に、服せしめられることはない。

1998年人権法　付則1　　　　　　　　　　　　［イギリス憲法典］

第4条【奴隷および強制労働の禁止】

(1) 何人も、奴隷または苦役に保有されてはならない。

(2) 何人も、強制されたまたは強いられた労働を要求されることはない。

(3) 本条の目的のために、「強制されたまたは強いられた労働」は、

　(a) 本規約第5条の規定に従って科される拘留の通常の過程において、またはその拘留からの条件付き保釈の間に、なされることが要求される仕事；

　(b) 軍事的性質の役務、または良心的兵役拒否が認められる国において、良心的兵役拒否の場合に、強制的軍事役務に代えて要求される役務；

　(c) 共同社会の生活または平穏を脅かす緊急事態または偶発事故の場合に要求される役務；

　(d) 通常の市民的義務の一部を構成する仕事または役務

を含まない。

第5条【自由および安全の権利】

(1) すべての者は、身体の自由および安全に対する権利をもつ。何人も、以下の場合であって、かつ、法に定めた手続に従う場合を除き、その者の自由を奪われることはない。

　(a) 権限を有する裁判所による有罪判決後の人の適法な拘留；

　(b) 裁判所の適法な命令の不遵守による、または法律によって定められた義務の履行を保証するための、人の適

[イギリス憲法典] 1998年人権法 付則1

　　法な逮捕または拘留；
　(c)　犯罪を犯したという合理的疑いに基づいてその者を権限のある司法当局へ連行する目的のために、またはその者が犯罪を犯すこともしくは犯罪を犯した後に逃亡することを防止するのに合理的に必要であると考えられる場合に、行われる人の適法な逮捕または拘留；
　(d)　教育的監督の目的のための適法な命令による未成年者の拘留、または権限を有する司法当局にその者を連行する目的のための適法な拘留；
　(e)　伝染病の拡散の防止のための人の適法な拘留、または精神異常者、アルコールもしくは麻薬の中毒者、または浮浪者の適法な拘留；
　(f)　認められない国への入国［不法入国］を防止するための人の適法な逮捕もしくは拘留、または強制退去もしくは国外追放を念頭において処分［犯罪人引渡］が行われる者の適法な逮捕もしくは拘留。
(2)　逮捕された者はすべて、その者の逮捕のための理由およびその者に対する訴因を、その者が理解する言語で、迅速に知らされる。
(3)　本条1項(c)の規定に従って逮捕または拘留された者はすべて、裁判官または法により司法権を行使することを認められたその他の職員の面前に速やかに連行されるものとし、かつ、合理的な期間内に裁判を受け、裁判の継続中、釈放される権利をもつ。釈放は、裁判のために出頭することを保証することを条件とされうる。

1998年人権法　付則1　　　　　　　　　［イギリス憲法典］

(4) 逮捕または拘留により自由を奪われた者はすべて、訴訟をする権利を有しており、その訴訟により、その者の拘留の適法性が裁判所によって迅速に決定され、もしその拘留が適法でないならば、その者の釈放が命じられる。

(5) 本条の規定に違反した逮捕または拘留の被害者であった者はすべて、強制できる補償請求権をもつ。

第6条【公正な裁判を受ける権利】

(1) 人の民事上の権利並びに義務の決定、およびその者に対する刑事責任の決定おいて、すべての者は、合理的な期間内に、法によって確立された独立かつ公平な裁判所による公正かつ公開の審理を受ける権利をもつ。判決は公開で言い渡されなければならないが、もし少年の利益または当事者の私的生活の保護がそれを必要とする場合、あるいは、裁判所の意見によれば、公開にすることが司法の利益を害するであろうと思われる特別な諸情況のもとで厳密に必要とされる限度で、民主主義社会における道徳、公的秩序、または国家の安全の利益のために、その裁判の全部または一部から新聞および大衆を、排除することができる。

(2) 刑事犯罪の嫌疑をかけられた者はすべて、法に従って有罪が立証されるまで、無罪であると推定される。

(3) 刑事犯罪で訴追を受けた者はすべて、少なくとも以下の権利をもつ。

　(a) その者の起訴の性質および訴因を、その者が理解する言語で、詳細に、迅速に知らせてもらう権利；

[イギリス憲法典]　　　　　　　　　　1998年人権法　付則1

　(b)　その者の弁護の準備のために、適切な時間および便益を与えてもらう権利；
　(c)　自分自身で弁護するか、または自分自身の選択による弁護人を通じて弁護する権利、あるいは、もしその者が弁護人に支払いをするのに十分な財力をもっていない場合には、司法の利益がそれを要求するとき、その弁護人を無料で付してもらう権利；
　(d)　自己に不利な証人を尋問し、もしくは尋問させる権利、または自己に不利な証人と同じ条件で、自己に有利な証人に出頭させ、かつ、尋問する権利；
　(e)　もしその者が裁判所で使われる言語を理解できない場合または話すことができない場合には、通訳を無料で付してもらう権利。

第7条【法律なければ刑罰なし】

(1) 何人も、作為または不作為の行為を行ったときに、国の法律または国際法により刑事犯罪を構成することのない行為を理由として、刑事犯罪で有罪と判決されることはない。また、当該の刑事犯罪が犯された時点において適用されうる刑罰よりも重い刑罰を科せられることはない。

(2) 本条は、ある作為または不作為の行為が犯されたときに、文明諸国により承認された法の一般原則に従って、犯罪とされた行為に対する行為者を裁判し、処罰することに影響を及ぼすものではない。

1998年人権法 付則1　　　　　　　　　　　　　［イギリス憲法典］

第8条【私生活・家族生活を尊重される権利】

(1) すべての者は、私的な家庭生活、住居、および通信を尊重してもらう権利をもつ。

(2) 法に従って行われ、かつ、国家の安全保障、公的安全または国家の経済福祉の諸利益に関わる、秩序妨害または犯罪の防止のため、健康もしくは道徳の保護のため、または他人の権利および自由の保護のため、民主的社会に必要であるものを除き、この権利の行使について公的機関の干渉があってはならない。

第9条【思想、良心、信教の自由】

(1) すべての者は、思想、良心および信教の自由の権利をもつ；この権利は、一人でまたは他人と共同して、その者の信教もしくは信念を変える権利、および信仰、教練、礼拝または儀式において公的もしくは私的にその信仰もしくは信念を表明する自由を含む。

(2) 自己の信仰または信念を表明する自由は、法によって規定され、かつ、公的安全の諸利益に関わる、公的秩序、健康もしくは道徳の保護のため、または他人の権利および自由の保護のため、民主的社会において必要とされる制約にのみ服する。

第10条【表現の自由】

(1) すべての者は、表現の自由の権利をもつ。この権利は、意見をもち、かつ、公的機関による干渉を受けずに、また、

[イギリス憲法典]　　　　　　　　　　1998年人権法　付則1

　　国境と無関係に、情報および考えを受理し、発信する自由を含む。本条は、国家が放送、テレビジョン、または映画産業の免許を要求することを禁止するものではない。
(2)　この自由の行使は、それとともに義務および責任をともなうものであるから、法によって規定された要式、条件、制約、または刑罰であって、国家の安全保障、領土保全または公的安全の諸利益に関わる、秩序妨害または犯罪の防止のため、健康もしくは道徳の保護のため、他人の名誉または権利の保護のため、秘密に受理された情報の開示を防止するため、または司法機関の権威および公平性の維持のため、民主社会において必要とされるものに服せしめられうる。

第11条【集会および結社の自由】
(1)　すべての者は、平穏な集会の自由および、その者の利益の保護のため労働組合を結成もしくは参加する権利を含め、他人と結社をむすぶ自由への権利をもつ。
(2)　この権利の行使に対して、法によって規定されたものであって、国家の安全保障または公的安全の諸利益に関わる、秩序妨害または犯罪の防止のため、健康もしくは道徳の保護のため、または他人の権利および自由の保護のため、民主社会において必要とされるもの以外に、いかなる制約も課されてはならない。本条は、国の軍隊、**警察**または行政機関の構成員によるこれらの権利の行使に対して適法な制限を課することを禁止するものではない。

1998年人権法　付則1　　　　　　　　　　[イギリス憲法典]

第 12 条【婚姻の自由】

　婚姻できる年齢の男女は、この権利の行使を規律する国の法律に従って、婚姻をする権利および家族をもつ権利を有する。

第 14 条【差別の禁止】

　本規約に規定された権利および自由の享有は、性別、人種、肌色、言語、宗教、政治等の意見、民族もしくは社会的出身、民族的少数派との結合、財産、出生もしくはその他の身分を理由として、差別されることなく保障される。

第 16 条【外国人の政治活動に対する禁止】

　第 10 条、第 11 条および第 14 条のいかなる規定も、規約締結国が、外国人の政治的活動に制限を課することを禁止するものとみなされてはならない。

第 17 条【権利濫用の禁止】

　本規約のいかなる規定も、国家、集団、または個人に対し、本規約に規定した権利および自由のいずれかを破壊すること、または当該の規約に定めた範囲を超えたより大きな制限を課することを目的とした活動に加わる権利、またはかかる行為を実行する権利を黙示的に付与するものと解釈されてはならない。

第 18 条【権利を制約する権限の行使の制限】

　上述の権利および自由に対し本規約により許された制約は、それが規定された目的以外の目的のために適用されてはならな

[イギリス憲法典]　　　　　　　　　　1998年人権法　付則1

い。

第2部　第1付属議定書

第1条【財産権の保護】

　すべての自然人または法人は、自己の占有物を平穏に享有する権利をもつ。何人も、公共の利益のために、かつ、法律により、また国際法の一般原理により、規定された諸条件に従う場合は除き、その者の占有物を奪われることはない。

　ただし、上記の規定は、一般的利益に従って財産権の使用を統制するため、または税金、その他の公課もしくは罰金の支払いを確保するために、必要であると思われるような法律を国家が強制する権利を、いかなる意味においても害するものではない。

第2条【教育の権利】

　何人も教育を受ける権利を否定されてはならない。教育および教練と関係して国家が引き受けた機能を果たすときに、当該国家は、両親自身の宗教的および哲学的信念に適合する教育および教練を確保する両親の権利を尊重しなければならない。

第3条【自由選挙の権利】

　規約加盟諸国は、立法機関の選出について国民の意見の自由な表現を確保する条件のもとで、秘密投票により合理的な間隔をおいて自由選挙を行うことを約束する。

43

1998 年人権法　付則 1　　　　　　　　　［イギリス憲法典］

第 3 部　第 6 付属議定書

第 1 条【死刑の廃止】

　死刑は廃止される。何人も死刑を宣告されることまたは死刑を執行されることはない。

第 2 条【戦時中の死刑】

　国家は、戦時中または戦争が勃発するおそれがある緊迫時に犯された行為に関して、死刑の規定を法律で定めることができる；かかる刑罰は、法によって規定されている事例であって、かつ、その規定に従っている場合にのみ、適用されるものとする。国家は、ヨーロッパ評議会の事務総長に当該法律の関連規定を知らせなければならない。

[イギリス憲法典]　　　　　　　　　　　　1998年人権法　付則2

付則2　救済規則

第1条【規　則】[50]
(1) 救済規則は、
  (a) それを作成する者が適切であると考えるような付随的、補足的、結果的、または経過的規定を含むことができる；
  (b) それが作成される日より以前の日から効力をもつように作成されうる；
  (c) 特定の職務の委任のための規定を定めることができる；
  (d) 異なった事例について異なった規定を定めることができる。
(2) 1項(a)によって付与される権限は、以下の権限を含む。
  (a) 主たる立法（不適合な規定を含むもの以外の主たる立法を含む）を修正する権限；および
  (b) 委任立法（不適合な規定を含むもの以外の委任立法を含む）を修正または取消す権限。
(3) 救済規則は、当該の立法が影響力をもつのと同一の範囲内の影響力をもつよう、作成されうる。

---

[50] 原語はordersであるが、イギリス法では、これはstatutory instrumentsの形で作成されると思われるので、本書では「規則」と訳した（第20条［本書27頁］参照）。ただし、ここにいう規則は、第2条［本書5頁］の規則（rules）とは異なる性質のものである。

45

1998年人権法　付則2　　　　　　　　　　　［イギリス憲法典］

(4) 何人も、救済規則の遡及的効果の結果によってのみ、犯罪で有罪とされることはない。

第2条【手　続】

救済規則は、以下の場合でなければ、作成されてはならない。

(a) 当該規則の草案が、その草案が提出された日に始まる60日の期間の終了後になされた、国会の各院の決議によって承認された場合；または

(b) 当該規則の中に、事件の緊急性を理由として、それを作成する者にとって草案の承認を受けることなく当該規則を作成することが必要であると思われる旨が宣言された場合

第3条【草案として提出される規則】

(1) いかなる草案も、

(a) 当該規則を出すことを提案する者が、規則案および必要な情報を含む文書を国会に提出し、かつ、

(b) 本項により要求される文書が提出された日に始まる60日の期間が終了した場合でなければ、

2項(a)により提出されてはならない。

(2) もし当該期間中に説明がなされた場合、第2条(a)に定める草案には、次のものを含む説明書が添付されなければならない。

(a) 説明の要約；および

(b) その説明の結果として、もし規則案が改正される場合

[イギリス憲法典]　　　　　　　　　　　　1998年人権法　付則2

には、その改正の詳細。

第4条【緊急な場合】

(1) もし救済規則(「元の規則」)が、草案の形で承認を受けないで作成された場合、それを作成する者は、必要な情報を添付して、それが作成された後に、国会に提出しなければならない。

(2) 元の規則が作成された日に始まる60日の期間の間に説明がなされる場合、それを作成する者は、(当該期間の終了の後に)以下のものを含む説明書を国会に提出しなければならない。

　(a) 説明の要約；および
　(b) その説明の結果として、もし元の規則に改正を加えることが適切であるとその者が考える場合には、その改正の詳細

(3) もし2項(b)が適用される場合、その説明をする者は、
　(a) 元の規則に代替するさらなる救済規則を作成し；かつ、
　(b) 国会に代替規則を提出しなければならない。

(4) 元の規則が出された日に始まる120日の期間が終了したときに、もし元の規則または代替規則を承認する決議が各院を通過しなかった場合、当該の規則は効力を失う(ただし、いずれかの規則によりなされた以前の行為、または新しい救済規則を作成する権限に影響を与えない)。

47

1998年人権法　付則2　　　　　　　　　［イギリス憲法典］

第5条【定　義】

本付則において、

「説明」は、救済規則（または救済規則案）についての説明であって、それを作成する者（または作成の提案をする者）に対してなされるものを意味し、かつ、国会の関連報告書または決議を含む；そして

「要求される情報」は、

(a) 当該の規則（または規則案）が取除くことを求める不適合の説明で、関連する宣言、事実認定、または規則の詳細を含むもの；および

(b) 第10条による手続のための理由およびそのような文面の規則を作成する理由の説明

を意味する。

第6条【期間計算】

本付則の諸目的のために期間を計算するとき、

(a) 国会が解散された、または停止された；または

(b) 両院が4日以上休会された

間の期間は計算に入れられてはならない。

[イギリス憲法典]　　　　　　　　　　1998年人権法　付則3

付則3　離脱および留保

第1部　離　脱

1988年の通知

　ヨーロッパ評議会への連合王国常任代表は、同評議会の事務総長にご挨拶し、1950年11月4日にローマにおいて署名された人権および基本的自由の保護のための規約第15条3項による、連合王国における女王陛下の義務の遵守を確保するために、次の情報を伝達できることを光栄に存じます。

　近年において、連合王国では、継続的な殺人、殺人未遂、手足切断、脅迫、および暴力的市民秩序妨害を含む諸活動、ならびに死亡、傷害および広範に渡る財産破壊をもたらす爆破および放火に見られる、北アイルランド事件に関する一連のテロ行為のキャンペーンがあった。その結果、規約第15条1項にいう公的緊急事態が連合王国に存在している。

　1974年に、政府は、北アイルランド事件に関連するテロ行為、または立法による一定の犯罪に参加しているという合理的疑いがあり、48時間拘留された者に関する事件において、国務大臣の権限に基づき、5日までの期間の間、起訴することなくさらに拘留する権限を導入することが必要であると考え、それ以来、その権限を行使してきた。この権限は、現在では、1984年のテロ行為防止(臨時規定)法第12条、1984年のテロ行為防止(臨時補足規定)令第9条および1984年のテロ行為防止(臨時

49

1998年人権法　付則3　　　　　　　　　　　［イギリス憲法典］

補足規定）（北アイルランド）令第10条に見ることができる。

　1984年のテロ行為防止（臨時規定）法第12条は、警察官がある者を同法第1条、第9条、または第10条による犯罪を犯したと疑う合理的根拠により、または北アイルランド事件に関連するテロ行為に参加している、もしくは参加した、または参加したと疑う合理的根拠により、逮捕された者を48時間までの逮捕権により拘留できること、そして、その後、国務大臣が当該の拘留期間を拡張する場合には、さらに5日間まで拘留できることを規定している。第12条は、実質的に1976年のテロ行為防止（臨時規定）法第12条を立法し直したもので、この規定もまた、実質的に1974年のテロ行為防止（臨時規定）法第7条を立法し直したものである。

　1984年のテロ行為防止（臨時補足規定）令第10条（SI 1984/417）および1984年のテロ行為防止（臨時補足規定）令第9条（SI 1984/418）は、1984年法第13条および第14条、並びに付則3により出されたもので、実質的に1976年法および1974年法により出れた政令の拘留権を立法し直したものである。北アイルランドまたはグレート・ブリティンに到着した時、または出発しようとする時、その者が北アイルランド事件に関するテロ行為に参加しているか、もしくは参加したかどうか、あるいはその者が1984年法第9条による犯罪を犯したと疑う根拠が存在するかどうか、それを決定する目的のためにいずれかの政令第4条により審査を受ける者は、第9条または第10条のうちの適切な規定により、その審査の結論が出されるまで、拘留されうる。もし審査官が、北アイルランド事件に関するテロ行為にその者

50

[イギリス憲法典]　　　　　　　　　　　　1998年人権法　付則3

が参加している、もしくは参加したと疑う合理的根拠がある場合には、この審査期間は、12時間を超えることができる。

　ある者が上述の第9条または第10条により拘留される場合、その者は審査官の権限により48時間まで拘留され得て、かつ、国務大臣がその拘留期間を延長する場合には、5日間までさらに拘留されうる。

　1988年11月29日のブロウガンその他の者に関する事件の判決の中で、ヨーロッパ人権裁判所は、1984年法第12条により拘留された申立人全員の各々に関して、第5条3項の違反があったと判決した。同裁判所は、問題の4つの拘留期間の最短のもの（すなわち、4日間と6時間）でさえ、第5条3項第1文によって認められる時間制限を超えるものであると判決した。さらに、同裁判所は、各申立人に事件について第5条5項の違反があったと判決した。

　この判決の後に、内務省担当の国務大臣は、1988年12月6日に、テロ行為のキャンペーンの現状に照らし、また、テロ犯罪者を裁判にかける差し迫った必要に照らし、最高拘留期間を減少させる必要はないと考える、と議会に報告した。政府は当該判決に対応するためにその問題を検討中である、と議会に報告した。国務大臣はさらに、1988年12月22日に、もし達成できるならば、延長された拘留が裁判官またはその他の司法官によって再審査されうるようにし、適切な場合、承認されうるようなものにする司法過程を発見したいと政府は願望している、と議会に報告した。しかし、政府が、確実で、かつ、最終的な意見を提出することができるようになるまでに、熟慮し、かつ、

相談するのにさらなる期間が必要であった。

1988年11月29日の判決以後も、政府は、以前と同様、北アイルランド事件に関するテロ行為と関連して、国務大臣の権限に基づいて、刑事訴訟が開始されるべきか否かを決定するために、必要な尋問並びに捜査を適切に完了できるように、その情況の緊急性により必要とされる限度で、5日間までの期間、起訴することなくさらに拘留することを許す上述の権限を行使し続けることが必要であると認めた。この権限の行使が規約によって課せられた義務と適合しないとされうる限度で、政府は規約第15条1項によって付与された離脱権を利用してきたのであり、また、さらに通知する時まで、そうし続けるものである。

1988年12月23日

1989年の通知

ヨーロッパ評議会への連合王国常任代表は、評議会事務総長にご挨拶し、以下の情報をお伝えすることを栄誉と存じます。

1988年12月23日の事務総長への伝達の中で、1984年のテロ行為防止（臨時規定）法第12条、1984年のテロ行為防止（臨時補足規定）令第9条および1984年のテロ行為防止（臨時補足規定）（北アイルランド）令第10条による一定の権限の導入および行使について言及しました。

これらの規定は、1989年のテロ行為防止（臨時規定）法第14条および付則5第5節によって置き換えられ、これらの規定は類似の規定になっています。それらは1989年3月22日に発効

[イギリス憲法典]　　　　　　　　　　1998年人権法　付則3

しました。その規定の写しを同封いたします。
　連合王国常任代表は、この機会を利用して、事務総長に対し最高の敬意を表します。
　1989年3月23日

　　　　　　　　　　第2部　留　保

　現行の（第1）付属議定書に署名するに当たり、わたくしは、連合王国の教育法の一定の規定に照らし、第2条第2文で確認された原則は、効果的な授業および訓練の規定、および不合理な公的支出の回避と合致する限りにおいてのみ、連合王国によって受け入れられるものであることを宣言します。
　（日付）1952年3月20日。ヨーロッパ評議会への連合王国常任代表によって作成された。

1998年人権法　付則4　　　　　　　　　　［イギリス憲法典］

付則4　司法年金

第1条【年金に関する政令を作る義務】
(1) 担当大臣は、ヨーロッパ人権裁判所の裁判官として奉仕する司法官に対し支払われる年金に関して、また、その職の保持人に関して、政令により規定を定めなければならない。
(2) 年金令は、それを作成する大臣が
  (a) ヨーロッパ人権裁判所の裁判官に任命される直前に、司法年金計画の会員であったヨーロッパ人権裁判所の裁判官は、当該計画の会員のままでいる権利をもつ；
  (b) その計画の会員にとどまる条件は、もしヨーロッパ人権裁判所の裁判官に任命されなければ適用されたであろうと思われるようなものである；そして、
  (c) その計画に従って支払われる給付を受ける権利は、ヨーロッパ人権裁判所の裁判官の在職中、もしその者が司法職につく者として役務を継続することに関して（もし第18条4項がなければ）支払われると思われる俸給が、あたかもその者の俸給であるものとして、引続き確定されること
  ということを保証するために必要であると考える規定を含むものでなければならない。

54

[イギリス憲法典]　　　　　　　　　　　1998年人権法　付則4

第2条【積立金】

年金令は、とくに、以下の規定を定めることができる。

(a) その政令の結果として計画の会員に留まる者により支払われる積立金で、かつ、普通ならばその者の給与からの差引きにより支払われると思われる積立金は、ヨーロッパ人権裁判所裁判官としてのその者の給与からの差引きによる方法以外の方法でなされるものとする；そして

(b) その積立金は、計画の事務官によって決定される方法により徴収されるものとする。

第3条【その他の立法の修正】

関係する計画の適切な事務管理を保証するために必要もしくは便宜であると政令を出す大臣が考える方法によって、またその限度で、年金令は年金に関する法律の規定、またはその法律により作られた規定、を修正することができる。

第4条【定　義】

この付則において、

「担当大臣」は、

(a) スコットランドに関して排他的に行使できる管轄権をもつ司法官に関しては、国務大臣；そして

(b) その他の場合には、大法官

を意味する。

「ヨーロッパ人権裁判所の裁判官（ECHR judge）」は、その裁判所の裁判官として奉仕している司法職を保持している者を意

1998年人権法　付則4　　　　　　　　　　　［イギリス憲法典］

味する。

　「司法年金計画」は、年金法によって、かつ、それに従って、確立された計画を意味する。

　「年金法」は、
　　(a)　1959年の県裁判所法（北アイルランド）；
　　(b)　1961年のシェリフ年金（スコットランド）法；
　　(c)　1981年の司法年金法；または
　　(d)　1993年の司法年金および退職に関する法律
　　を意味する。

　「年金令」は、第1条により出される政令を意味する。

[イギリス憲法典] 解　説

解　説

§1　「はしがき」で述べたように、1998年人権法を「憲法典」と呼ぶことに抵抗を感じる者がいるかもしれない。しかし、アメリカ合衆国憲法（連邦憲法）だけが憲法典であるというわけではない。フランス憲法典やドイツ憲法典もそれとは著しく異なっている。何を憲法典と呼ぶかはその定義にかかっている。イギリス憲法は不文憲法であると言われてきたが、マグナ・カルタや権利章典などの基本法は存在していたのであり、そもそも不文憲法ということばがどのようなことを意味していたかを考えてみる必要がある[注1]。少なくとも権利章典と同じ程度に1998年人権法は基本法であり、イギリス憲法の主要な部分をなすものとなっていることは疑いない。

1　イギリスの国家主権

§2　1998年人権法は、ヨーロッパ人権規約を国内法化するものであるが、憲法が主権者の主要な意思を表明ないし宣言するものであるとすれば、それは国家主権の外部組織への移譲を意味するのであり、その意味でも伝統的な憲法典とは違っている。しかし、主権者として、その規約を国内法と同等に扱うと宣言しているにすぎないとすれば、国際政治上の責任が生じるとはいえ、何らかの不都合があれば、いつでもその主権者はその意思を撤回できるはずである[注2]。この意味において、1998年人権法は、イギリスの主権者の基本的な意思を表

解　説　　　　　　　　　　　　　　　　　[イギリス憲法典]

現した法律であると言える。

§3　この立法がイギリスの主権を放棄したものでないという証拠として、「離脱」および「留保」が付されていることがあげられるかもしれない。しかし、これらは、ヨーロッパ人権規約によって定められているものであり、ヨーロッパ評議会の意思に従ったと解釈できなくもない(注3)。とくに、この立法によって主権をヨーロッパ評議会に移譲したと主張する者は、現実の問題として、国際戦争のような異常な手段によることなく、後戻りの道が残されていないということに注目しなければならない。ヨーロッパ人権規約自体が、国家主権者に対して制裁を課すること(注4)を想定しており、ヨーロッパ法の優位性は一般的に認められているからである。上述の論点はともかくとして、1998年人権法は、いわゆる北アイルランド問題に関して規約の機構から「離脱」し、「教育問題」について留保を付している(注5)。

2　人権の内容

§4　この人権法の制定により、イギリス法システム全体が大きな影響を受けることは事実であるが、とくに注目すべき領域は「表現の自由」および「思想、信条、信教の自由」の領域である。これらの自由についてはヨーロッパ人権規約の規定があるにもかかわらず、1998年人権法第10条および第11条がわざわざ特別な規定を定めているのはそのためである。イギリスは、サンデー・タイムズ事件(注6)、ボウマン事件(注7)、ハ

58

[イギリス憲法典]　　　　　　　　　　　　　　解　説

ンディサイド事件[注8]、オブザーバー事件[注9]、グッドウイン事件[注10]、トルストイ・ミロスロヴィスキ事件[注11]において、ヨーロッパ人権規約第10条を争った。結論としては、ヨーロッパ裁判所の解釈とイギリス裁判所の解釈との間に大きな本質的な相違はないが、問題となりうるあいまいな部分を含んでいるので、上述の明文を1998年人権法においた。

§5　ヨーロッパ法に「息抜きの空間（margin of appreciation）」とでもいうべき法原理があることも説明しておかなければならない[注12]。例えば、ヨーロッパ人権規約第10条は表現の自由を保障しているが、第2項により「わいせつ」の規制は許されている。そこで、何が「わいせつ」かが争点となるが、その内容は各国の裁判所の判断に任されている。もちろん、ヨーロッパ裁判所が、一定の判断基準を示すこともできるのであるが、そうしていない場合には、各国の裁判所は「息抜き」をすることができるのである。1971年にイギリスの子供向けの参考書（"Little Red School Book"）に性教育に関する節があり、行き過ぎた描写があったために警察は1959年の猥褻出版物に関する法律によってその書籍を押収するとともに、訴追を行った。被告人はヨーロッパ人権規約第10条違反を訴えたけれども、ヨーロッパ裁判所は、イギリス裁判所の判決を支持した[注13]。しかし、支持された判断基準は、たとえばデンマーク法の判断基準とは、明らかに異なっているように思われる[注14]。

解　説　　　　　　　　　　　［イギリス憲法典］

§6　ヨーロッパ人権規約第6条は「公正な裁判を受ける権利」を保障している。この規定の意味については、はしがきで言及したゴルダー判決の中で詳しく説明されている。同規約第7条がいわゆる刑法の罪刑法定主義について規定しており、この第6条で問題とされるのは、個人の権利義務および刑事責任について決定を下す手続の公正さである(注15)。第6条は、聴聞ないし審問のプロセスを迅速に進め、関係当事者の意見を十分に述べさせ、それを考慮に入れた「偏見」のない決定を下すことを要求している。ゴルダー事件がそうであったように、弁護人に相談する権利（access to justice）もまた、この規定によって保障されると理解されている。

§7　ヨーロッパ人権規約第8条は「家族生活を尊重される権利」を規定している。この第8条の規定は、家族関係(夫婦と親子)、ホーム、通信に関係する。非嫡出児に対する差別は禁止される。しばしば問題になるのは、移民の処遇に関してであるが、移民自身の責任において、家族が同居できなくなったり、平穏なホームを維持できなくなることについては、ヨーロッパ裁判所は各加盟国の行政裁量を大幅に認めている。ジプシーがケンブリッジ市にキャラバン生活をする権利があるかどうかが争われた事件では、排除決定の手続に問題があるとヨーロッパ人権裁判所は判決した(注16)。「通信」の自由については、家族の問題とは異なる個人のプライバシーが争点となることが多い。例えば、マローン対連合王国判決(注17)においては、警察による電話の盗聴が違法と判決された。

60

[イギリス憲法典]　　　　　　　　　　　　　　　解　説

§8　「財産権」の規定は、ヨーロッパ人権規約を制定するときにもっとも議論が白熱した規定である。「財産権」に関する各国の考えは大きく異なっており、この権利は「市民権」のリストとは切り離して、第1付属議定書の中に規定されている[注18]。一般的な憲法原理としては、日本国憲法第29条の規定と同じように、「私有財産は公共の利益のために制約されうる」ことを規定している。その制約の条件は各国の法律および国際法の一般原理に従うものでなければならない。しかし、正当な補償をして公用徴収を行うことは認められており、税金を課したり、刑罰として罰金を取ることも許されている。

3　司法制度改革

§9　1998年人権法は、イギリス司法制度にも影響を与える。ゴルダー判決でも問題になったように、ヨーロッパ裁判所での当事者となる「被害者 (victim)」という概念は、イギリス法にいう「訴えの利益 (standing to sue)」をもつ者よりは広い概念である。たとえば、グリーンピースのような環境保護団体には当事者適格をイギリスでは認められることはないと思われるが、ヨーロッパ裁判所では認められる可能性がある[注19]。さらにまた、イギリス憲法は「議会主権の原則」を大原則としているので、違憲立法審査の制度に類似のものを導入することになる、ヨーロッパ人権規約の国内法化が、この原則の運用にどのような影響を与えるか、考察しなければならない。

解　説　　　　　　　　　　　　　　　　［イギリス憲法典］

§10　ヨーロッパ人権規約の影響を受けた判決の一例として、ここで少年犯罪に関する事件の判決を紹介しよう。この事件では、10歳の2人の少年が2歳の幼児を殺害し、その刑事責任が問題となった[注20]。1933年の青少年法第53条1項によれば、これらの少年は成人の殺人罪の場合とは違って、強制的監護の下におかれることになっていて、その期間は1991年の刑事裁判法第35条により、法務大臣の裁量によって、決められることになっていた。しかし、世論はこれらの少年たちに刑事制裁を科することを求め、無期懲役の判決が下されるべきであると請願した。これを受けて最低15年以上の拘留を条件にして強制的監護の下に置くとする判決が下された。貴族院は、不定期の拘留を認める判決は無期の懲役刑の判決とは性質上ことなっており、世論に阿る「最低15年以上の拘留」判決は、ヨーロッパ人権規約が定める教育刑の理念に反するものであり、それらの少年を常時監護下において観察し、社会復帰できる状態になったときには、いつでも釈放するのでなければならないと判決した[注21]。

§11　法律の解釈についても、大きな問題がある。イギリス法の法律解釈は、厳格解釈を第一原理として守ってきた[注22]。しかし、ヨーロッパ裁判所による法律解釈は、フランス法などの大陸法の影響を受けて、目的論的解釈を第一原理としてきた。§6で言及したゴルダー判決の重要な論点の1つは、このことと関係している。しかし、国際条約の解釈については、条約法に関するウイーン条約に法律解釈についての規定がおかれ

62

[イギリス憲法典]　　　　　　　　　　　　　　　解　説

ているし、イギリス国内の判例法にも、目的論的な解釈をしめしたものもあり、この問題は技術的な問題にとどまるであろう(注23)。

§12　司法改革は刑事法だけにかかわる問題ではない。1996年7月に民事司法の本格的な改革を提案したウルフ・レポートが公刊され、1999年の終わり頃からその勧告の一部分を立法しはじめた。さらにその勧告の残りの部分も、用意ができしだい立法されていくものと思われるが、この立法の動向もまたヨーロッパ人権規約第6条を考慮にいれていることは疑いない。§9および§10で述べたことは、ヨーロッパ裁判所のイギリス法への間接的な影響であるのに対し、ウルフ・レポートに従う改革は、より本格的、直接的な21世紀の司法の基礎作りである（これについては多くの紙面をさいて説明する必要があるが、別の書籍で詳しく説明する）。

4　ヨーロッパ法の影響

§13　EC(EU)法との関係も微妙な問題である。1972年のヨーロッパ共同体法第2条により、EC(EU)法（その判例法を含む）は、イギリス国内において直接的執行力を認められている(注24)。EC(EU)法の形成については、イギリスは積極的に協力する姿勢を示してきた。そして、EC(EU)法の国内法に対する優位性が一般原則として確立しているので、EC(EU)法に基づく国内法の司法審査は、いわばアメリカ憲法における違憲立法審査と同じ機能を果たすのである(注25)。しかし、1998

63

解　説　　　　　　　　　　　　　　［イギリス憲法典］

年人権法は、ヨーロッパ人権規約とイギリス法が抵触する場合には、「不適合の宣言」をし、省令または政令による手直しをシステムとして考えているのであり、ヨーロッパ人権規約に照らした違憲立法審査を念頭においているとは考えられない。実際上の問題としては、EC (EU) 法とヨーロッパ人権規約とを切り離して運用することは困難であり、ヨーロッパ人権規約に関する訴訟も、EC (EU) 法の前例にならって進められることになろうと思われる。

§14　ルクセンブールの国際裁判所 (EU裁判所) との関係を説明するために、ここで女王［国］対ヘン・アンド・ダービー判決(注26)を紹介しよう。この事件は、ヘンとダービーがオランダを経由してデンマークで作られた「わいせつ」フィルムと雑誌を輸入し、関税法違反で違法とされたものである。第一審も控訴院も有罪の判決を下し、貴族院への上訴も否定されたのであるが、貴族院は請願を受けて上訴を認め、予備審問の後、直ちに国際裁判所 (EU裁判所) へお伺い上訴をしたものである。第1に、ヨーロッパ共同体法は物品の移動の自由を保障しているのであるが、関税法により物品を没収し、刑事責任を科することは、その自由を規定する条約第30条に違反するかどうか、第2に、もし違反するとして、EEC条約第36条［EC条約第30条］により公共道徳の保護を理由としてイギリスが刑罰を科することが許されるかどうか、条約の有権的解釈を求めた。ルクセンブールの国際裁判所 (EU裁判所) は、条約との抵触はないと判決した。

[イギリス憲法典]　　　　　　　　　　　　　解　説

　ヨーロッパ国際裁判所は、イングランド、ウェールズ、スコットランド、北アイルランド、マン島の法律の間に判断基準の相違があり、また関税法の基準がわいせつ罪の刑法よりも厳しくなっていることに問題があることを指摘したが、基本的には、上述§5で説明した「息抜きの空間」の理論を使って、イギリスの裁判所が独自に判断を示す裁量が国際法上認められることを決定した。そして、わいせつとヨーロッパ法の関係の理解について、ヨーロッパ人権規約第10条を引用し、ハンディサイド判決(注8)を法源として説明しているのである。このことに示されているように、EEC条約第36条[EC条約第30条]が「公的道徳」の保護を理由とする「物品の移動の自由」の制約を許すものならば、この「公的道徳」の定義はヨーロッパ人権裁判所の判例法によると判決したのである。ヨーロッパの裁判官にとって、すでに2つの国際裁判所の判例法は相互に融合し合っていると思われる。

5　国会主権の原則の修正

§15　上述のことからも、イギリスの憲法原理である「議会主権」の原則が修正を余儀なくされていることが分かる。伝統的な憲法学の説明によれば、イギリスの議会は万能の権能をもつのであり、比喩的にいえば、「男を女にし、女を男にすること以外は」何でもできる。イギリス法が最も重要な究極的価値とする「人の生命」ですら、「刑法」に「死刑」を規定することによって合法的にそれを奪うことができるのである。しかし、現在のヨーロッパ人権規約は「死刑」を廃止してい

解　説　　　　　　　　　　　　　　　［イギリス憲法典］

るので、もはやイギリス議会はそれをできない[注27]。同様に、その他の点でも、多くの制約を受けるに至っているのである。とくに、ヨーロッパ共同体法は直接的執行力が明文で認められており、その一部であるとされるものについては、イギリスの国内法と同等の扱いを受ける。このことを説明するために、2つのヨーロッパ裁判所（ルクセンブール）の判決を紹介する。

§16　第1に、ヨーロッパ評議会指令（Council Directive）の法的性質を説明するために、メロン対ギリシャ判決[注28]を取上げよう。この事件では、会社法に関する第2指令の拘束力が問題になっている。この指令は、株主保護のために一定の開示などを義務づけているが、ギリシャ政府の認可により設立された有限責任会社については、株主保護について欠けた面があったことから、ヨーロッパ共同体法違反が問われた。たしかに、指令は立法とは異なり、直接的拘束力が直ちに生じるものではないが、会社法指令は直接的執行力を付与することを念頭に置いて作られており、少なくとも、ヨーロッパ諸国が一般的国際慣習法と位置づけている法理に関しては、その理念に反する法システムを維持するのは加盟国の指令を尊重する義務に違反するものであると判決した。

§17　第2に、平準化（harmonisation）を求める指令の使い方を示す、女王対農業・漁業・食料大臣判決[注29]を説明しよう。平準化（harmonisation）を求める指令は、その指令の中に示さ

[イギリス憲法典]　　　　　　　　　　　　　　解　説

れた諸原理を内容とする国内法を各国が制定することを義務づけるもので、これはヨーロッパ共同体法を具体化する法律であると理解される。上記の事件では、動物保護の観点から作られた動物の屠殺の方法に関するヨーロッパ指令が、まだ国内法化されていない場合に、これに違反した商品の輸入を制限することが、EEC条約第36条[EC条約第30条]によって許されるかどうかが争点となっている。この第36条は、第30条の量的輸入制限の禁止に対する例外を規定しており、「公的道徳の保護」「人、動物、植物の生命の保護」などを理由として制限することを認めている。ヨーロッパ裁判所は、その指令が明白に記述している一般法原則に加盟国は違反することはできない、と判決した。

6　結　語

§18　最後に、もう1つの理論上の問題にも言及しておこう。そもそも刑法は、主として個人の法的利益(法価値)を保護するために一定の行為を犯罪として禁止している。たとえば、殺人罪は人の「生命」を守ろうとするものであるが、ヨーロッパ人権規約2条もまた、人の「生命」の保護を規定している。ちなみに、ヨーロッパ人権規約は、死刑を廃止し、犯罪者についてさえその生命の尊厳を認めている。したがって、純粋な論理の問題としては、基本的人権の侵害は犯罪に匹敵する行為であると考えることも可能であるが、イギリス憲法は、そこまでは認めていない。1998年人権法第7条8項は、「本法のいかなる規定も刑事犯罪を生むものではない」と規定し

解　説　　　　　　　　　　　　　　　　[イギリス憲法典]

ている。しかし、公務に名を借りた人権侵害が責任を問われないままに放置されることはない。

(注1)　田島裕『議会主権と法の支配』(有斐閣、復刊、1991年)188頁、伊藤正己=田島裕『英米法』(筑摩書房、1985年)270頁。

(注2)　この国家主権に関する議論について、後掲注(22)で言及した訳書の「訳者解題」及びN. MacCormick, Questioning Sovereignty (Oxford U.P. 1999), pp. 107-108, 128 134, 177を見よ。

(注3)　1998年法に付された「離脱」条項および「留保」条項は、ヨーロッパ人権規約第15条3項に従って付されたものである。

(注4)　規約第41条は「侵害された当事者に正当な満足を与えなければならない」と規定し、同第42条は「この判決が確定的なものである」ことを規定する。ただし、同第26条は「まず国内法による救済方法を使い尽くすこと」を訴願の前提条件としている（ヨーロッパ法の優位性については、§13のほか、後掲注(25)の諸判例を参照せよ）。

(注5)　北アイルランド問題に関するテロ行為に対処するために、イギリス議会はいくつかの臨時措置法を制定しているが、この法律は規約と抵触する規定を含んでいる。たとえば、被疑者の拘留期間は規約のもとでは4日が限度とされているのに対し、その法律のもとでは7日におよぶことができ、しかも弁護士との接見についても制限がある。「教育

[イギリス憲法典]　　　　　　　　　　　　　　解　説

権」に関しては、義務教育に関する財政問題について、検討の余地がある。

(注6)　Sunday Times v. United Kingdom, (1979) 2 EHRR 245 (この事件は、奇形児の出産と薬との因果関係を争う製造物責任訴訟において、サンデー・タイムズ紙が「因果関係」の証明に役立つ論説を掲載し、その裁判に影響を及ぼそうとしたので、裁判所が差止めたものである)。

(注7)　Bowman v. United Kingdom, (1998) 26 EHRR 1 (選挙前に配布された政治的文書を選挙法違反で訴追した事件)。

(注8)　Handyside v. United Kingdom, (1976) 1 EHRR 737 (この事件は§5で説明する)。

(注9)　Observer v. United Kingdom, (1991) 14 EHRR 153.

(注10)　Goodwin v. United Kingdom, (1996) 22 EHRR 123 (ジャーナリストに情報源の開示を求めたのにそのジャーナリストが拒絶をすれば裁判所侮辱罪に問われうるが、本件の情況のもとではジャーナリストの黙秘権が許された)。

(注11)　Tolstoy Miloslvavsky v. United Kingdom, (1995) 20 EHRR 442 (名誉毀損の損害賠償額が不当に「表現の自由」の行使を抑止する程度まで高すぎると判示された事件)。

(注12)　N. Lavender, *The Problem of the Margin of Appreciation*, [1997] EHRLR 380.

これに賛成するP. Mahoney, *Universality Versus Subsidiarity in the Strasbourg Case Law on Free Speech*, [1997] EHRLR 363；および反対する Lord Lester of

69

解　説　　　　　　　　　　　　　　　　　［イギリス憲法典］

　　　　Herne Hill Q.C., *Universality Versus Subsidiarity: A Reply*, [1998] EHRLR 73 の議論を比較せよ。
(注13)　Handyside v. United Kingdom, (1976) 1 EHRR 737; Lawless v. Ireland, (1961) 1 EHRR 15 も見よ。
(注14)　Kjeldsen v. Denmark, (1976) 1 EHRR 711.
(注15)　いわゆるデュー・プロセスの法理を規定したものであり、契約法、商事法、保険法、相続法、家族法、不動産取引法などの領域にも適用された事例がある。被疑者の無罪の推定は、第6条2項に規定されている。
(注16)　Buckley v. United Kingdom, (1997) 23 EHRR 101(この事件では都市計画によりキャラバン生活を禁止された女性は、3人の子供があり、家庭生活を考慮に入れる必要があると判決された)。
(注17)　Malone v. United Kingdom, (1984) 7 EHRR 14 (古物商の売買交渉を電話盗聴した事件)。
(注18)　Sporrong v. Sweden, (1982) 5 EHRR 35 (「都市再開発のための土地収用に関する事件」が、これに関する指導的判例である。ちなみに、「財産権」については各国の合意を得るのが困難であり、その規定を権利章典の主要な部分から切り離すことによって、各国が留保を付することを許し、ヨーロッパ人権規約を批准しやすくした。しかし、現実には、留保はほとんど付されていない)。
(注19)　本書11頁訳注(19)参照。なお、この論点については、ウェストミンスター議会(国会)において、詳細な議論が展開されている (Hansard HC (24 November 1997))。大法官は、新しい当事者適格を認めることは必ずしも要求さ

70

[イギリス憲法典]　　　　　　　　　　　　　解　説

れるわけではなく、amicus curiae（裁判所の友）として意見書の提出を認める形で対処することを説明し、R. v. Khan, [1997] A.C. 558; R. v. Secretary for the Home Department, ex parte Venerables [1998]（次注）を実例としてあげている。

(注20)　R. v. Secretary for the Home Department, ex parte Venerables, [1998] A.C. 407, [1997] 3 All E. R. 97.

(注21)　この事件の審理に当たった高等法院合議法廷の裁判官は、「8年というとても、とても長い拘留期間」の刑を言い渡したが、法務大臣はその期間をさらに15年に延長した。

(注22)　田島裕「法解釈に関する若干の考察」現代イギリス法（成文堂、1979年）437—456頁 [著作集第8巻第1章]（また、田島裕『イギリス法—その新局面』（東京大学出版会、1981年）「訳者解題」を見よ）。

(注23)　ヨーロッパ人権規約第2条は、ストラスブール判例法の法源性を規定し、第3条は規約と適合する解釈を要求している。イギリスの先例法はこれにより修正を受けるけれども、ヨーロッパ法には厳格な先例拘束性の原則はない（目的論解釈の一例として、注(1)に引用したGolder判決を見よ。また、G. Marshall, *Interpreting Interpretation in the Human Rights Bill*, [1998] Pub. L. 167参照）。

(注24)　R. v. Secretary of State for Employment, ex parte Equal Opportunities Commission, [1995] 1 A.C. 1. European Community Act 1972, s. 2(1)は、「条約によっ

71

解　説　　　　　　　　　　　　　　　　［イギリス憲法典］

　　　て、または条約に基づいて、随時制定される、または生ず
　　　るすべての権利、権能、責任、義務、制約、および、条約
　　　によって、または条約に基づいて、随時規定されるすべて
　　　の救済並びに手続は、改めて立法手続をとらなくても、条
　　　約によって法的効力を付与され、連合王国において使用さ
　　　れるものとなり、かつ、イギリス法上、承認されたもので
　　　あり、利用されうるものであり、かようなものとして強制
　　　され、容認され、従われるものとする。(以下、省略)」と規
　　　定されている。
(注25)　Administrazione delle finanze dello Stato v. Simmenthal S.p.A. (Case 106/77), [1978] ECR 629, para. 22. *But see*, Van Schijndel & Van Veen v. Stichting Pensioenfonds voor Fysiotherapeuten (Cases C-430〜431/93), [1996] All ER(EC) 259.
(注26)　Regina v. Henn and Darby, [1979] ECR 3795, [1980] 1 CMLR 246.
(注27)　イギリス議会は1965年にすでに死刑を廃止している (Abolition of Capital Punishment Act 1965)。
(注28)　Melon and Others v. Greece (Case C-381/89), 24 March 1992.
(注29)　Regina v. Ministry of Agriculture, Fisheries and Food, ex parte Medley Lomas (Ireland) Ltd. (Case C-5/94), [1996] All ER(EC) 493; [1996] 2 CMLR 391.

[イギリス憲法典]　　　　　　　　　　　　　Human Rights Act 1998

ELIZABETH II

Human Rights Act 1998

1998 CHAPTER 42

An Act to give further effect to rights and freedoms guaranteed under the European Convention on Human Rights; to make provision with respect to holders of certain judicial offices who become judges of the European Court of Human Rights; and for connected purposes.　　　　　　　　　　[9th November 1998]

BE IT ENACTED by the Queen's most Excellent Majesty, by and with the advice and consent of the Lords Spiritual and Temporal, and Commons, in this present Parliament assembled, and by the authority of the same, as follows : ──

Human Rights Act 1998（1998年人権法） ［イギリス憲法典］

Introduction

1. 〔**The Convention Rights**〕
   (1) In this Act "the Convention rights" means the rights and fundamental freedoms set out in——
   (a) Articles 2 to 12 and 14 of the Convention,
   (b) Articles 1 to 3 of the First Protocol, and
   (c) Articles 1 and 2 of the Sixth Protocol,
   as read with Articles 16 to 18 of the Convention.
   (2) Those Articles are to have effect for the purposes of this Act subject to any designated derogation or reservation (as to which see sections 14 and 15).
   (3) The Articles are set out in Schedule 1.
   (4) The Secretary of State may by order make such amendments to this Act as he considers appropriate to reflect the effect, in relation to the United Kingdom, of a protocol.
   (5) In subsection (4) "protocol" means a protocol to the Convention——
   (a) which the United Kingdom has ratified; or
   (b) which the United Kingdom has signed with a view to ratification.
   (6) No amendment may be made by an order under subsection (4) so as to come into force before the protocol concerned is in force in relation to the United Kingdom.

2. 〔**Interpretation of Convention rights**〕
   (1) A court or tribunal determining a question which has

[イギリス憲法典]　　　　　　　　　　Human Rights Act 1998

arisen in connection with a Convention right must take into account any──
(a) judgment, decision, declaration or advisory opinion of the European Court of Human Rights,
(b) opinion of the Commission given in a report adopted under Article 31 of the Convention,
(c) decision of the Commission in connection with Article 26 or 27(2) of the Convention, or
(d) decision of the Committee of Ministers taken under Article 46 of the Convention,

whenever made or given, so far as, in the opinion of the court or tribunal, it is relevant to the proceedings in which that question has arisen.

(2) Evidence of any judgment, decision, declaration or opinion of which account may have to be taken under this section is to be given in proceedings before any court or tribunal in such manner as may be provided by rules.

(3) In this section "rules" means rules of court or, in the case of proceedings before a tribunal, rules made for the purposes of this section──
(a) by the Lord Chancellor or the Secretary of State, in relation to any proceedings outside Scotland;
(b) by the Secretary of State, in relation to proceedings in Scotland; or
(c) by a Northern Ireland department, in relation to proceedings before a tribunal in Northern Ireland──
　(i) Which deals with transferred matters; and

(ii) for which no rules made under paragraph (a) are in force.

Legislation

3. 〔**Interpretation of legislation**〕
   (1) So far as it is possible to do so, primary legislation and subordinate legislation must be read and given effect in a way which is compatible with the Convention rights.
   (2) This section——
      (a) applies to primary legislation and subordinate legislation whenever enacted;
      (b) does not affect the validity, continuing operation or enforcement of any incompatible primary legislation; and
      (c) does not affect the validity, continuing operation or enforcement of any incompatible subordinate legislation if (disregarding any possibility of revocation) primary legislation prevents removal of the incompatibility.

4. 〔**Declaration of incompatibility**〕
   (1) Subsection (2) applies in any proceedings in which a court determines whether a provision of primary legislation is compatible with a Convention right.
   (2) If the court is satisfied that the provision is incompatible with a Convention right, it may make a declaration of that incompatibility.
   (3) Subsection (4) applies in any proceedings in which a court

[イギリス憲法典]　　　　　　　　　　Human Rights Act 1998

determines whether a provision of subordinate legislation, made in the exercise of a power conferred by primary legislation, is compatible with a Convention right.

(4) If the court is satisfied――

(a) that the provision is incompatible with a Convention right, and

(b) that (disregarding any possibility of revocation) the primary legislation concerned prevents removal of the incompatibility,

it may make a declaration of that incompatibility.

(5) In this section "court" means――

(a) the House of Lords;

(b) the Judicial Committee of th Privy Council;

(c) the Courts-Martial Appeal Court;

(d) in Scotland, the High Court of Justiciary sitting otherwise than as a trial court or the Court of Session;

(e) in England and Wales or Northern Ireland, the High Court or the Court of Appeal.

(6) A declaration under this section ("a declaration of incompatibility")――

(a) does not affect the validity, continuing operation or enforcement of the provision in respect of which it is given; and

(b) is not binding on the parties to the proceedings in which it is made.

Human Rights Act 1998 (1998年人権法)　　[イギリス憲法典]

5. [Right of Crown to intervene]

(1) Where a court is considering whether to make a declaration of incompatibility, the Crown is entitled to notice in accordance with rules of court.

(2) In any case to which subsection (1) applies——

   (a) a Minister of the Crown (or a person nominated by him),
   (b) a member of the Scottish Executive,
   (c) a Northern Ireland Minister,
   (d) a Northern Ireland department,

is entitled, on giving notice in accordance with rules of court, to be joined as a party to the proceedings.

(3) Notice under subsection (2) may be given at any time during the proceedings.

(4) A person who has been made a party to criminal proceedings (other than in Scotland) as the result of a notice under subsection (2) may, with leave, appeal to the House of Lords against any declaration of incompatibility made in the proceedings.

(5) In subsection (4)——

"criminal proceedings" includes all proceedings befor the Courts-Martial Appeal Court; and

"leave" means leave granted by the court making the declaration of incompatibility or by the House of Lords.

[イギリス憲法典]　　　　　　　　　　　　Human Rights Act 1998

Public authorities

6.〔**Acts of public authorities**〕
 (1) It is unlawful for a public authority to act in a way which is incompatible with a Convention right.
 (2) Subsection (1) does not apply to an act if——
  (a) as the result of one or more provisions of primary legislation, the authority could not have acted differently; or
  (b) in the case of one or more provisions of, or made under, primary legislation which cannot be read or given effect in a way which is compatible with the Convention rights, the authority was acting so as to give effect to or enforce those provisions.
 (3) In this section "public authority" includes——
  (a) a court or tribunal, and
  (b) any person certain of whose functions are functions of a public nature,
  but dose not include either House of Parliament or a person exercising functions in connection with proceedings in Parliament.
 (4) In subsection (3) "Parliament" dose not include the House of Lords in its judicial capacity.
 (5) In relation to a particular act, a person is not a public authority by virtue only of subsection (3)(b) if the nature of the act is private.
 (6) "An act" includes a failure to act but does not include a failure to——

Human Rights Act 1998 (1998年人権法)　　［イギリス憲法典］

  (a) introduce in, or lay before, Parliament a proposal for legislation; or
  (b) make any primary legislation or remedial order.

7. [**Proceedings**]
 (1) A person who claims that a public authority has acted (or proposes to act) in a way which is made unlawful by section 6(1) may——
  (a) bring proceedings against the authority under this Act in the appropriate court or tribunal, or
  (b) rely on the Convention right or rights concerned in any legal proceedings,
 but only if he is (or would be) a victim of the unlawful act.
 (2) In subsection (1)(a) "appropriate court or tribunal" means such court or tribunal as may be determined in accordance with rules; and proceedings against an authority include a counterclaim or similar proceeding.
 (3) If the proceedings are brought on an application for judicial review, the applicant is to be taken to have a sufficient interest in relation to the unlawful act only if he is, or would be, a victim of that act.
 (4) If the proceedings are made by way of a petition for judicial review in Scotland, the applicant shall be taken to have title and interest to sue in relation to the unlawful act only if he is, or would be, a victim of that act.
 (5) Proceedings under subsection (1)(a) must be brought before the end of——

(a) the period of one year beginning with the date on which the act complained of took place; or

(b) such longer period as the court or tribunal considers equitable having regard to all the circumstances,

but that is subject to any rule imposing a stricter time limit in relation to the procedure in question.

(6) In subsection (1)(b) "legal proceedings" includes――

(a) proceedings brought by or at the instigation of a public authority; and

(b) an appeal against the decision of a court or tribunal.

(7) For the purposes of this section, a person is a victim of an unlawful act only if he would be a victim for the purposes of Article 34 of the Convention if proceedings were brought in the European Court of Human Rights in respect of that act.

(8) Nothing in this Act creates a criminal offence.

(9) In this section "rules" means――

(a) in relation to proceedings before a court or tribunal outside Scotland, rules made by the Lord Chancellor or the Secretary of State for the purposes of this section or rules of court,

(b) in relation to proceedings before a court or tribunal in Scotland, rules made by the Secretary of State for those purposes,

(c) in relation to proceedings before a tribunal in Northern Ireland――

(i) which deals with transferred matters; and

(ii) for which no rules made under paragraph (a) are in

Human Rights Act 1998 (1998年人権法)　　　〔イギリス憲法典〕

　　force,

　　rules made by a Northern Ireland department for those purposes,

　and includes provision made by order under section 1 of the Courts and Legal Services Act 1990.

⑽　In making rules, regard must be had to section 9.

⑾　The Minister who has power to make rules in relation to a particular tribunal may, to the extent he considers it necessary to ensure that the tribunal can provide an appropriate remedy in relation to an act (or proposed act) of a public authority which is (or would be) unlawful as a result of section 6(1), by order add to──

　　(a)　the relief or remedies which the tribunal may grant; or

　　(b)　the grounds on which it may grant any of them.

⑿　An order made under subsection (11) may contain such incidental, supplemental, consequential or transitional provision as the Minister making it considers appropriate.

⒀　"The Minister" includes the Northern Ireland department concerned.

8.〔**Judicial remedies**〕

　(1)　In relation to any act (or proposed act) of a public authority which the court finds is (or would be) unlawful, it may grant such relief or remedy, or make such order, within its powers as it considers just and appropriate.

　(2)　But damages may be awarded only by a court which has power to award damages, or to order the payment of com-

[イギリス憲法典] Human Rights Act 1998

pensation, in civil proceedings.
(3) No award of damages is to be made unless, taking account of all the circumstances of the case, including——
   (a) any other relief or remedy granted, or order made, in relation to the act in question (by that or any other court), and
   (b) the consequences of any decision (of that or any other court) in respect of that act,
   the court is satisfied that the award is necessary to afford just satisfaction to the person in whose favour it is made.
(4) In determining——
   (a) whether to award damages, or
   (b) the amount of an award,
   the court must take into account the principles applied by the European Court of Human Rights in relation to the award of compensation under Article 41 of the Convention.
(5) A public authority against which damages are awarded is to be treated——
   (a) in Scotland, for the purposes of section 3 of the Law Reform (Miscellaneous Provisions) (Scotland) Act 1940 as if the award were made in an action of damages in which the authority has been found liable in respect of loss or damage to the person to whom the award is made;
   (b) for the purposes of the Civil Liability (Contribution) Act 1978 as liable in respect of damage suffered by the person to whom the award is made.
(6) In this section——

Human Rights Act 1998 (1998年人権法)　　［イギリス憲法典］

"court" includes a tribunal;

"damages" means damages for an unlawful act of a public authority; and

"unlawful" means unlawful under section 6(1).

9. 〔**Judicial acts**〕

(1) Proceedings under section 7(1)(a) in respect of a judicial act may be brought only——

(a) by exercising a right of appeal;

(b) on an application (in Scotland a petition) for judicial review; or

(c) in such other forum as may be prescribed by rules.

(2) That does not affect any rule of law which prevents a court from being the subject of judicial review.

(3) In proceedings under this Act in respect of a judicial act done in good faith, damages may not be awarded otherwise than to compensate a person to the extent required by Article 5(5) of the Convention.

(4) An award of damages permitted by subsection (3) is to be made against the the Crown; but no award may be made unless the appropriate person, if not a party to the proceedings, is joined.

(5) In this section——

"appropriate person" means the Minister responsible for the court concerned, or a person or government department nominated by him;

"court" includes a tribunal;

[イギリス憲法典]　　　　　　　　　　　　Human Rights Act 1998

　　"judge" includes a member of tribunal, a justice of the peace and a clerk or other officer entitled to exercise the jurisdiction of a court;

　　"judicial act" means a judicial act of a court and includes an act done on the instructions, or on behalf, of a judge; and

　　"rules" has the same meaning as in section 7(9).

Remedial action

10. 〔Power to take remedial action〕

(1) This section applies if—

　(a) a provision of legislation has been declared under section 4 to be incompatible with a Convention right and, if an appeal lies—

　　(i) all persons who may appeal have stated in writing that they do not intend to do so;

　　(ii) the time for bringing an appeal has expired and no appeal has been brought within that time; or

　　(iii) an appeal brought within that time has been determined or abandoned; or

　(b) it appears to a Minister of the Crown or Her Majesty in Council that, having regard to a finding of the European Court of Human Rights made after the coming into force of this section in proceedings against the United Kingdom, a provision of legislation is incompatible with an obligation of the United Kingdom arising from the Convention.

(2) If a Minister of the Crown considers that there are compel-

ling reasons for proceeding under this section, he may by order make such amendments to the legislation as he considers necessary to remove the incompatibility.

(3) If, in the case of subordinate legislation, a Minister of the Crown considers—

　(a) that it is necessary to amend the primary legislation under which the subordinate legislation in question was made, in order to enable the incompatibility to be removed, and

　(b) that there are compelling reasons for proceeding under this section,

he may by order make such amendments to the primary legislation as he considers necessary.

(4) This section also applies where the provision in question is in subordinate legislation and has been quashed, or declared invalid, by reason of incompatibility with a Convention right and the Minister proposes to proceed under paragraph 2 (b) of Schedule 2.

(5) If the legislation is an Order in Council, the power conferred by subsection (2) or (3) is exercisable by Her Majesty in Council.

(6) In this section "legislation" does not include a Measure of the Church Assembly or of the General Synod of the Church of England.

(7) Schedule 2 makes further provision about remedial orders.

[イギリス憲法典]　　　　　　　　　　　Human Rights Act 1998

Other rights and proceedings

11.〔**Safeguard for existing human rights**〕
A person's reliance on a Convention right does not restrict—
- (a) any other right or freedom conferred on him by or under any law having effect in any part of the United Kingdom; or
- (b) his right to make any claim or bring any proceedings which he could make or bring apart from sections 7 to 9.

12.〔**Freedom of expression**〕
(1) This section applies if a court is considering whether to grant any relief which, if granted, might affect the exercise of the Convention right to freedom of expression.

(2) If the person against whom the application for relief is made ("the respondent") is neither present nor represented, no such relief is to be granted unless the court is satisfied—
- (a) that the applicant has taken all practicable steps to notify the respondent; or
- (b) that there are compelling reasons why the respondent should not be notified.

(3) No such relief is to be granted so as to restrain publication before trial unless the court is satisfied that the applicant is likely to establish that publication should not be allowed.

(4) The court must have particular regard to the importance of the Convention right to freedom of expression and, where the proceedings relate to material which the respondent

claims, or which appears to the court, to be journalistic, literary or artistic material (or to conduct connected with such material), to—
(a) the extent to which—
  (i) the material has, or is about to, become available to the public; or
  (ii) it is, or would be, in the public interest for the material to be published;
(b) any relevant privacy code.
(5) In this section—
"court" includes a tribunal; and
"relief" includes any remedy or order (other than in criminal proceedings).

13. [Freedom of thought, conscience and religion]
(1) If a court's determination of any question arising under this Act might affect the exercise by a religious organisation (itself or its members collectively) of the Convention right to freedom of thought, conscience and religion, it must have particular regard to the importance of that right.
(2) In this section "court" includes a tribunal.

Derogations and reservations

14. [Derogations]
(1) In this Act "designated derogation" means—
(a) the United Kingdom's derogation from Article 5 (3) of

[イギリス憲法典]　　　　　　　　　　　　　　Human Rights Act 1998

　　the Convention; and
　(b) any derogation by the United Kingdom from an Article of the Convention, or of any protocol to the Convention, which is designated for the purposes of this Act in an order made by the Secretary of State.
(2) The derogation referred to in subsection (1)(a) is set out in Part I of Schedule 3.
(3) If a designated derogation is amended or replaced it ceases to be a designated derogation.
(4) But subsection (3) does not prevent the Secretary of State from exercising his power under subsection (1)(b) to make a fresh designation order in respect of the Article concerned.
(5) The Secretary of State must by order make such amendments to Schedule 3 as he considers appropriate to reflect—
　(a) any designation order; or
　(b) the effect of subsection (3).
(6) A designation order may be made in anticipation of the making by the United Kingdom of a proposed derogation.

15. 〔Reservations〕

(1) In this Act "designated reservation" means—
　(a) the United Kingdom's reservation to Article 2 of the First Protocol to the Convention; and
　(b) any other reservation by the United Kingdom to an Article of the Convention, or of any protocol to the Convention, which is designated for the purposes of this Act in an order made by the Secretary of State.

Human Rights Act 1998 (1998年人権法) 　　　[イギリス憲法典]

(2) The text of the reservation referred to in subsection (1)(a) is set out in Part II of Schedule 3.

(3) If a designated reservation is withdrawn wholly or in part it ceases to be a designated reservation.

(4) But subsection (3) does not prevent the Secretary of State from exercising his power under subsection (1)(b) to make a fresh designation order in respect of the Article concerned.

(5) The Secretary of State must by order make such amendments to this Act as he considers appropriate to reflect—

(a) any designation order; or

(b) the effect of subsection (3).

16. [Period for which designated derogations have effect]

(1) If it has not already been withdrawn by the United Kingdom, a designated derogation ceases to have effect for the purposes of this Act—

(a) in the case of the derogation referred to in section 14 (1)(a), at the end of the period of five years beginning with the date on which section 1 (2) came into force;

(b) in the case of any other derogation, at the end of the period of five years beginning with the date on which the order designating it was made.

(2) At any time before the period—

(a) fixed by subsection (1)(a) or (b), or

(b) extended by an order under this subsection,

comes to an end, the Secretary of State may by order extend it by a further period of five years.

(3) An order under section 14 (1) (b) ceases to have effect at the end of the period for consideration, unless a resolution has been passed by each House approving the order.

(4) Subsection (3) does not affect—
  (a) anything done in reliance on the order; or
  (b) the power to make a fresh order under section 14 (1) (b).

(5) In subsection (3) "period for consideration" means the period of forty days beginning with the day on which the order was made.

(6) In calculating the period for consideration, no account is to be taken of any time during which—
  (a) Parliament is dissolved or prorogued; or
  (b) both Houses are adjourned for more than four days.

(7) If a designated derogation is withdrawn by the United Kingdom, the Secretary of State must by order make such amendments to this Act as he considers are required to reflect that withdrawal.

17. 〔**Periodic review of designated reservations**〕

(1) The appropriate Minister must review the designated reservation referred to in section 15 (1) (a) —
  (a) before the end of the period of five years beginning with the date on which section 1 (2) came into force; and
  (b) if that designation is still in force, before the end of the period of five years beginning with the date on which the last report relating to it was laid under subsection (3).

Human Rights Act 1998（1998年人権法）　　　［イギリス憲法典］

(2) The appropriate Minister must review each of the other designated reservations (if any)—
   (a) before the end of the period of five years beginning with the date on which the order designating the reservation first came into force; and
   (b) if the designation is still in force, before the end of the period of five years beginning with the date on which the last report relating to it was laid under subsection (3).
(3) The Minister conducting a review under this section must prepare a report on the result of the review and lay a copy of it before each House of Parliament.

Judges of the European Court of Human Rights

18. [**Appointment to European Court of Human Rights**]
(1) In this section "judicial office" means the office of—
   (a) Lord Justice of Appeal, Justice of the High Court or Circuit judge, in England and Wales;
   (b) judge of the Court of Session or sheriff, in Scotland;
   (c) Lord Justice of Appeal, judge of the High Court or county court judge, in Northern Ireland.
(2) The holder of a judicial office may become a judge of the European Court of Human Rights ("the Court") without being required to relinquish his office.
(3) But he is not required to perform the duties of his judicial office while he is a judge of the Court.
(4) In respect of any period during which he is a judge of the

[イギリス憲法典] Human Rights Act 1998

Court—

(a) a Lord Justice of Appeal or Justice of the High Court is not to count as a judge of the relevant court for the purposes of section 2 (1) or 4 (1) of the Supreme Court Act 1981 (maximum number of judges) nor as a judge of the Supreme Court for the purposes of section 12 (1) to (6) of that Act (salaries etc.);

(b) a judge of the Court of Session is not to count as a judge of that court for the purposes of section 1 (1) of the Court of Session Act 1988 (maximum number of judges) or of section 9 (1)(c) of the Administration of Justice Act 1973 ("the 1973 Act") (salaries etc.);

(c) a Lord Justice of Appeal or judge of the High Court in Northern Ireland is not to count as a judge of the relevant court for the purposes of section 2 (1) or 3 (1) of the Judicature (Northern Ireland) Act 1978 (maximum number of judges) nor as a judge of the Supreme Court of Northern Ireland for the purposes of section 9 (1)(d) of the 1973 Act (salaries etc.);

(d) a Circuit judge is not to count as such for the purposes of section 18 of the Courts Act 1971 (salaries etc.);

(e) a sheriff is not to count as such for the purposes of section 14 of the Sheriff Courts (Scotland) Act 1907 (salaries etc.);

(f) a country court judge of Northern Ireland is not to count as such for the purposes of section 106 of the County Courts Act (Northern Ireland) 1959 (salaries etc.).

93

Human Rights Act 1998 (1998年人権法)　　　［イギリス憲法典］

(5)　If a sheriff principal is appointed a judge of the Court, section 11 (1) of the Sheriff Courts (Scotland) Act 1971 (temporary appointment of sheriff principal) applies, while he holds that appointment, as if his office is vacant.

(6)　Schedule 4 makes provision about judicial pensions in relation to the holder of a judicial office who serves as a judge of the Court.

(7)　The Lord Chancellor or the Secretary of State may by order make such transitional provision (including, in particular, provision for a temporary increase in the maximum number of judges) as he considers appropriate in relation to any holder of a judicial office who has completed his service as a judge of the Court.

Parliamentary procedure

19. 〔Statements of compatibility〕

(1)　A Minister of the Crown in charge of a Bill in either House of Parliament must, before Second Reading of the Bill—

(a)　make a statement to the effect that in his view the provisions of the Bill are compatible with the Convention rights ("a statement of compatibility"); or

(b)　make a statement to the effect that although he is unable to make a statement of compatibility the government nevertheless wishes the House to proceed with the Bill.

(2)　The statement must be in writing and be published in such manner as the Minister making it considers appropriate.

[イギリス憲法典]　　　　　　　　　　　Human Rights Act 1998

Supplemental

20. [Orders etc. under this Act]

(1) Any power of a Minister of the Crown to make an order under this Act is exercisable by statutory instrument.

(2) The power of the Lord Chancellor or the Secretary of State to make rules (other than rules of court) under section 2 (3) or 7 (9) is exercisable by statutory instrument.

(3) Any statutory instrument made under section 14, 15 or 16 (7) must be laid before Parliament.

(4) No order may be made by the Lord Chancellor or the Secretary of State under section 1 (4), 7 (11) or 16 (2) unless a draft of the order has been laid before, and approved by, each House of Parliament.

(5) Any statutory instrument made under section 18 (7) or Schedule 4, or to which subsection (2) applies, shall be subject to annulment in pursuance of a resolution of either House of Parliament.

(6) The power of a Northern Ireland department to make—

(a) rules under section 2 (3) (c) or 7 (9) (c), or

(b) an order under section 7 (11),

is exercisable by statutory rule for the purposes of the Statutory Rules (Northern Ireland) Order 1979.

(7) Any rules made under section 2 (3) (c) or 7 (9) (c) shall be subject to negative resolution; and section 41 (6) of the Interpretation Act (Northern Ireland) 1954 (meaning of "subject to negative resolution") shall apply as if the power

95

Human Rights Act 1998 (1998年人権法)　　　［イギリス憲法典］

to make the rules were conferred by an Act of the Northern Ireland Assembly.

(8) No order may be made by a Northern Ireland department under section 7 (11) unless a draft of the order has been laid before, and approved by, the Northern Ireland Assembly.

21. 〔**Interpretation etc.**〕

(1) In this Act—

"amend" includes repeal and apply (with or without modifications);

"the appropriate Minister" means the Minister of the Crown having charge of the appropriate authorised government department (within the meaning of the Crown Proceedings Act 1947);

"the Commission" means the European Commission of Human Rights;

"the Convention" means the Convention for the Protection of Human Rights and Fundamental Freedoms, agreed by the Council of Europe at Rome on 4th November 1950 as it has effect for the time being in relation to the United Kingdom;

"declaration of incompatibility" means a declaration under section 4;

"Minister of the Crown" has the same meaning as in the Ministers of the Crown Act 1975;

"Northern Ireland Minister" includes the First Minister and the deputy First Minister in Northern Ireland;

"primary legislation" means any—

(a) public general Act;
(b) local and personal Act;
(c) private Act;
(d) Measure of the Church Assembly;
(e) Measure of the General Synod of the Church of England;
(f) Order in Council—
 (i) made in exercise of Her Majesty's Royal Prerogative;
 (ii) made under section 38 (1) (a) of the Northern Ireland Constitution Act 1973 or the corresponding provision of the Northern Ireland Act 1998; or
 (iii) amending an Act of a kind mentioned in paragraph (a), (b) or (c);
and includes an order or other instrument made under primary legislation (otherwise than by the National Assembly for Wales, a member of the Scottish Executive, a Northern Ireland Minister or a Northern Ireland department) to the extent to which it operates to bring one or more provisions of that legislation into force or amends any primary legislation;

"the First Protocol" means the protocol to the Convention agreed at Paris on 20th March 1952;

"the Sixth Protocol" means the protocol to the Convention agreed at Strasbourg on 28th April 1983;

"the Eleventh Protocol" means the protocol to the Convention (restructuring the control machinery established by the Convention) agreed at Strasbourg on 11th May 1994;

"remedial order" means an order under section 10;

Human Rights Act 1998（1998年人権法）　　　［イギリス憲法典］

"subordinate legislation" means any—

(a) Order in Council other than one—
   (i) made in exercise of Her Majesty's Royal Prerogative;
   (ii) made under section 38 (1) (a) of the Northern Ireland Constitution Act 1973 or the corresponding provision of the Northern Ireland Act 1998; or
   (iii) amending an Act of a kind mentioned in the definition of primary legislation;
(b) Act of the Scottish Parliament;
(c) Act of the Parliament of Northern Ireland;
(d) Measure of the Assembly established under section 1 of the Northern Ireland Assembly Act 1973;
(e) Act of the Northern Ireland Assembly;
(f) order, rules, regulations, scheme, warrant, byelaw or other instrument made under primary legislation (except to the extent to which it operates to bring one or more provisions of that legislation into force or amends any primary legislation);
(g) order, rules, regulations, scheme, warrant, byelaw or other instrument made under legislation mentioned in paragraph (b), (c), (d) or (e) or made under an Order in Council applying only to Northern Ireland;
(h) order, rules, regulations, scheme, warrant, byelaw or other instrument made by a member of the Scottish Executive, a Northern Ireland Minister or a Northern Ireland department in exercise of prerogative or other executive functions of Her Majesty which are exercisable by such a

[イギリス憲法典]　　　　　　　　　　　Human Rights Act 1998

person on behalf of Her Majesty;

"transferred matters" has the same meaning as in the Northern Ireland Act 1998; and

"tribunal" means any tribunal in which legal proceedings may be brought.

(2) The references in paragraphs (b) and (c) of section 2 (1) to Articles are to Articles of the Convention as they had effect immediately before the coming into force of the Eleventh Protocol.

(3) The reference in paragraph (d) of section 2 (1) to Article 46 includes a reference to Articles 32 and 54 of the Convention as they had effect immediately before the coming into force of the Eleventh Protocol.

(4) The references in section 2 (1) to a report or decision of the Commission or a decision of the Committee of Ministers include references to a report or decision made as provided by paragraphs 3, 4 and 6 of Article 5 of the Eleventh Protocol (transitional provisions).

(5) Any liability under the Army Act 1955, the Air Force Act 1955 or the Naval Discipline Act 1957 to suffer death for an offence is replaced by a liability to imprisonment for life or any less punishment authorised by those Acts; and those Acts shall accordingly have effect with the necessary modifications.

22. [Short title, commencement, application and extent]

(1) This Act may be cited as the Human Rights Act 1998.

Human Rights Act 1998（1998年人権法） ［イギリス憲法典］

(2) Sections 18, 20 and 21 (5) and this section come into force on the passing of this Act.

(3) The other provisions of this Act come into force on such day as the Secretary of State may by order appoint; and different days may be appointed for different purposes.

(4) Paragraph (b) of subsection (1) of section 7 applies to proceedings brought by or at the instigation of a public authority whenever the act in question took place; but otherwise that subsection does not apply to an act taking place before the coming into force of that section.

(5) This Act binds the Crown.

(6) This Act extends to Northern Ireland.

(7) Section 21 (5), so far as it relates to any provision contained in the Army Act 1955, the Air Force Act 1955 or the Naval Discipline Act 1957, extends to any place to which that provision extends.

[イギリス憲法典]　　　　Human Rights Act 1998 (Schedule 1)

SCHEDULES
SCHEDULE 1
THE ARTICLES

PART 1
THE CONVENTION

RIGHTS AND FREEDOMS

Article 2
Right to life

1. Everyone's right to life shall be protected by law. No one shall be deprived of his life intentionally save in the execution of a sentence of a court following his conviction of a crime for which this penalty is provided by law.

2. Deprivation of life shall not be regarded as inflicted in contravention of this Article when it results from the use of force which is no more than absolutely necessary:
   (a) in defence of any person from unlawful violence;
   (b) in order to effect a lawful arrest or to prevent the escape of a person lawfully detained;
   (c) in action lawfully taken for the purpose of quelling a riot or insurrection.

Article 3
Prohibition of torture

No one shall be subjected to torture or to inhuman or degrading treatment or punishment.

Article 4
Prohibition of slavery and forced labour

1. No one shall be held in slavery or servitude.
2. No one shall be required to perform forced or compulsory labour.
3. For the purpose of this Article the term "forced or compulsory labour" shall not include:
   (a) any work required to be done in the ordinary course of detention imposed according to the provisions of Article 5 of this Convention or during conditional release from such detention;
   (b) any service of a military character or, in case of conscientious objectors in countries where they are recognised, service exacted instead of compulsory military service;
   (c) any service exacted in case of an emergency or calamity threatening the life or well-being of the community;
   (d) any work or service which forms part of normal civic obligations.

Article 5
Right to liberty and security

1. Everyone has the right to liberty and security of person. No one shall be deprived of his liberty save in the following cases and in accordance with a procedure prescribed by law:
   (a) the lawful detention of a person after conviction by a

[イギリス憲法典]　　　　Human Rights Act 1998 (SCHEDULE 1)

competent court;
(b) the lawful arrest or detention of a person for non-compliance with the lawful order of a court or in order to secure the fulfilment of any obligation prescribed by law;
(c) the lawful arrest or detention of a person effected for the purpose of bringing him before the competent legal authority on reasonable suspicion of having committed an offence or when it is reasonably considered necessary to prevent his committing an offence or fleeing after having done so;
(d) the detention of a minor by lawful order for the purpose of educational supervision or his lawful detention for the purpose of bringing him before the competent legal authority;
(e) the lawful detention of persons for the prevention of the spreading of infectious diseases, of persons of unsound mind, alcoholics or drug addicts or vagrants;
(f) the lawful arrest or detention of a person to prevent his effecting an unauthorised entry into the country or of a person against whom action is being taken with a view to deportation or extradition.

2．Everyone who is arrested shall be informed promptly, in a language which he understands, of the reasons for his arrest and of any charge against him.

3．Everyone arrested or detained in accordance with the provisions of paragraph 1 (c) of this Article shall be brought promptly before a judge or other officer authorised by law to exercise judicial power and shall be entitled to trial within a reasonable time or to release pending trial. Release may be

Human Rights Act 1998 (Schedule 1)　　　　［イギリス憲法典］

conditioned by guarantees to appear for trial.

4. Everyone who is deprived of his liberty by arrest or detention shall be entitled to take proceedings by which the lawfulness of his detention shall be decided speedily by a court and his release ordered if the detention is not lawful.

5. Everyone who has been the victim of arrest or detention in contravention of the provisions of this Article shall have an enforceable right to compensation.

Article 6
Right to a fair trial

1. In the determination of his civil rights and obligations or of any criminal charge against him, everyone is entitled to a fair and public hearing within a reasonable time by an independent and impartial tribunal established by law. Judgment shall be pronounced publicly but the press and public may be excluded from all or part of the trial in the interest of morals, public order or national security in a democratic society, where the interests of juveniles or the protection of the private life of the parties so require, or to the extent strictly necessary in the opinion of the court in special circumstances where publicity would prejudice the interests of justice.

2. Everyone charged with a criminal offence shall be presumed innocent until proved guilty according to law.

3. Everyone charged with a criminal offence has the following minimum rights:

(a) to be informed promptly, in a language which he under-

[イギリス憲法典]   Human Rights Act 1998 (SCHEDULE 1)

stands and in detail, of the nature and cause of the accusation against him;
(b) to have adequate time and facilities for the preparation of his defence;
(c) to defend himself in person or through legal assistance of his own choosing or, if he has not sufficient means to pay for legal assistance, to be given it free when the interests of justice so require;
(d) to examine or have examined witnesses against him and to obtain the attendance and examination of witnesses on his behalf under the same conditions as witnesses against him;
(e) to have the free assistance of an interpreter if he cannot understand or speak the language used in court.

Article 7
No punishment without law

1. No one shall be held guilty of any criminal offence on account of any act or omission which did not constitute a criminal offence under national or international law at the time when it was committed. Nor shall a heavier penalty be imposed than the one that was applicable at the time the criminal offence was committed.
2. This Article shall not prejudice the trial and punishment of any person for any act or omission which, at the time when it was committed, was criminal according to the general principles of law recognised by civilised nations.

Human Rights Act 1998 (Schedule 1)　　　　[イギリス憲法典]

Article 8
Right to respect for private and family life

1 . Everyone has the right to respect for his private and family life, his home and his correspondence.
2 . There shall be no interference by a public authority with the exercise of this right except such as is in accordance with the law and is necessary in a democratic society in the interests of national security, public safety or the economic wellbeing of the country, for the prevention of disorder or crime, for the protection of health or morals, or for the protection of the rights and freedoms of others.

Article 9
Freedom of thought, conscience and religion

1 . Everyone has the right to freedom of thought, conscience and religion; this right includes freedom to change his religion or belief and freedom, either alone or in community with others and in public or private, to manifest his religion or belief, in worship, teaching, practice and observance.
2 . Freedom to manifest one's religion or beliefs shall be subject only to such limitations as are prescribed by law and are necessary in a democratic society in the interests of public safety, for the protection of public order, health or morals, or for the protection of the rights and freedoms of others.

[イギリス憲法典]　　　　Human Rights Act 1998 (Schedule 1)

Article 10
Freedom of expression

1. Everyone has the right to freedom of expression. This right shall include freedom to hold opinions and to receive and impart information and ideas without interference by public authority and regardless of frontiers. This Article shall not prevent States from requiring the licensing of broadcasting, television or cinema enterprises.
2. The exercise of these freedoms, since it carries with it duties and responsibilities, may be subject to such formalities, conditions, restrictions or penalties as are prescribed by law and are necessary in a democratic society, in the interests of national security, territorial integrity or public safety, for the prevention of disorder or crime, for the protection of health or morals, for the protection of the reputation or rights of others, for preventing the disclosure of information received in confidence, or for maintaining the authority and impartiality of the judiciary.

Article 11
Freedom of assembly and association

1. Everyone has the right to freedom of peaceful assembly and to freedom of association with others, including the right to form and to join trade unions for the protection of his interests.
2. No restrictions shall be placed on the exercise of these rights other than such as are prescribed by law and are necessary in

Human Rights Act 1998 (SCHEDULE 1)　　　　[イギリス憲法典]

a democratic society in the interests of national security or public safety, for the prevention of disorder or crime, for the protection of health or morals or for the protection of the rights and freedoms of others. This Article shall not prevent the imposition of lawful restrictions on the exercise of these rights by members of the armed forces, of the police or of the administration of the State.

Article 12
Right to marry

Men and women of marriageable age have the right to marry and to found a family, according to the national laws governing the exercise of this right.

Article 14
Prohibition of discrimination

The enjoyment of the rights and freedoms set forth in this Convention shall be secured without discrimination on any ground such as sex, race, colour, language, religion, political or other opinion, national or social origin, association with a national minority, property, birth or other status.

Article 16
Restrictions on political activity of aliens

Nothing in Articles 10, 11 and 14 shall be regarded as preventing the High Contracting Parties from imposing restrictions on the political activity of aliens.

[イギリス憲法典]   Human Rights Act 1998 (Schedule 1)

Article 17
Prohibition of abuse of rights

Nothing in this Convention may be interpreted as implying for any State, group or person any right to engage in any activity or perform any act aimed at the destruction of any of the rights and freedoms set forth herein or at their limitation to a greater extent than is provided for in the Convention.

Article 18
Limitation on use of restrictions on rights

The restrictions permitted under this Convention to the said rights and freedoms shall not be applied for any purpose other than those for which they have been prescribed.

PART II
THE FIRST PROTOCOL

Article 1
Protection of property

Every natural or legal person is entitled to the peaceful enjoyment of his possessions. No one shall be deprived of his possessions except in the public interest and subject to the conditions provided for by law and by the general principles of international law.

The preceeding provisions shall not, however, in any way

Human Rights Act 1998 (Schedule 1)　　　　[イギリス憲法典]

impair the right of a State to enforce such laws as it deems necessary to control the use of property in accordance with the general interest or to secure the payment of taxes or other contributions or penalties.

Article 2
Right to education

No person shall be denied the right to education. In the exercise of any functions which it assumes in relation to education and to teaching, the State shall respect the right of parents to ensure such education and teaching in conformity with their own religious and philosophical convictions.

Article 3
Right to free elections

The High Contracting Parties undertake to hold free elections at reasonable intervals by secret ballot, under conditions which will ensure the free expression of the opinion of the people in the choice of the legislature.

PART III
THE SIXTH PROTOCOL

Article 1
Abolition of the death penalty

The death penalty shall be abolished. No one shall be condemned to such penalty or executed.

Article 2
Death penalty in time of war

A State may make provision in its law for the death penalty in respect of acts committed in time of war or of imminent threat of war; such penalty shall be applied only in the instances laid down in the law and in accordance with its provisions. The State shall communicate to the Secretary General of the Council of Europe the relevant provisions of that law.

Human Rights Act 1998 (SCHEDULE 2)　　　［イギリス憲法典］

SCHEDULE 2
REMEDIAL ORDERS

Orders

1 .—(1) A remedial order may—
  (a) contain such incidental, supplemental, consequential or transitional provision as the person making it considers appropriate;
  (b) be made so as to have effect from a date earlier than that on which it is made;
  (c) make provision for the delegation of specific functions;
  (d) make different provision for different cases.
  (2) The power conferred by sub-paragraph (1)(a) includes—
    (a) power to amend primary legislation (including primary legislation other than that which contains the incompatible provision); and
    (b) power to amend or revoke subordinate legislation (including subordinate legislation other than that which contains the incompatible provision).
  (3) A remedial order may be made so as to have the same extent as the legislation which it affects.
  (4) No person is to be guilty of an offence solely as a result of the retrospective effect of a remedial order.

Procedure

2 . No remedial order may be made unless—

(a) a draft of the order has been approved by a resolution of each House of Parliament made after the end of the period of 60 days beginning with the day on which the draft was laid; or
(b) it is declared in the order that it appears to the person making it that, because of the urgency of the matter, it is necessary to make the order without a draft being so approved.

Orders laid in draft

3.—(1) No draft may be laid under paragraph 2 (a) unless—
(a) the person proposing to make the order has laid before Parliament a document which contains a draft of the proposed order and the required information; and
(b) the period of 60 days, beginning with the day on which the document required by this sub-paragraph was laid, has ended.

(2) If representations have been made during that period, the draft laid under paragraph 2 (a) must be accompanied by a statement containing—
(a) a summary of the representations; and
(b) if, as a result of the representations, the proposed order has been changed, details of the changes.

Urgent cases

4.—(1) If a remedial order ("the original order") is made without being approved in draft, the person making it must lay

Human Rights Act 1998 (SCHEDULE 2)　　　　［イギリス憲法典］

it before Parliament, accompanied by the required information, after it is made.

(2) If representations have been made during the period of 60 days beginning with the day on which the original order was made, the person making it must (after the end of that period) lay before Parliament a statement containing—

(a) a summary of the representations; and

(b) if, as a result of the representations, he considers it appropriate to make changes to the original order, details of the changes.

(3) If sub-paragraph (2)(b) applies, the person making the statement must—

(a) make a further remedial order replacing the original order; and

(b) lay the replacement order before Parliament.

(4) If, at the end of the period of 120 days beginning with the day on which the original order was made, a resolution has not been passed by each House approving the original or replacement order, the order ceases to have effect (but without that affecting anythihg previously done under either order or the power to make a fresh remedial order).

Definitions

5. In this Schedule—

"representations" means representations about a remedial order (or proposed remedial order) made to the person making (or proposing to make) it and includes any relevant Parliamentary report or resolution; and

"required information" means—

(a) an explanation of the incompatibility which the order (or proposed order) seeks to remove, including particulars of the relevant declaration, finding or order; and

(b) a statement of the reasons for proceeding under section 10 and for making an order in those terms.

Calculating periods

6. In calculating any period for the purposes of this Schedule, no account is to be taken of any time during which—

(a) Parliament is dissolved or prorogued; or

(b) both Houses are adjourned for more than four days.

Human Rights Act 1998 (Schedule 3)　　　　［イギリス憲法典］

SCHEDULE 3
DEROGATION AND RESERVATION

PART I
DEROGATION

The 1988 notification

The United Kingdom Permanent Representative to the Council of Europe presents his compliments to the Secretary General of the Council, and has the honour to convey the following information in order to ensure compliance with the obligations of Her Majesty's Government in the United Kingdom under Article 15 (3) of the Convention for the Protection of Human Rights and Fundamental Freedoms signed at Rome on 4 November 1950.

There have been in the United Kingdom in recent years campaigns of organised terrorism connected with the affairs of Northern Ireland which have manifested themselves in activities which have included repeated murder, attempted murder, maiming, intimidation and violent civil disturbance and in bombing and fire raising which have resulted in death, injury and widespread destruction of property. As a result, a public emergency within the meaning of Article 15 (1) of the Convention exists in the United Kingdom.

The Government found it necessary in 1974 to introduce and since then, in cases concerning persons reasonable suspected of involvement in terrorism connected with the affairs of Northern

[イギリス憲法典]   Human Rights Act 1998 (Schedule 3)

Ireland, or of certain offences under the legislation, who have been detained for 48 hours, to exercise powers enabling further detention without charge, for periods of up to five days, on the authority of the Secretary of State. These powers are at present to be found in Section 12 of the Prevention of Terrorism (Temporary Provisions) Act 1984, Article 9 of the Prevention of Terrorism (Supplemental Temporary Provisions) Order 1984 and Article 10 of the Prevention of Terrorism (Supplemental Temporary Provisions) (Northern Ireland) Order 1984.

Section 12 of the Prevention of Terrorism (Temporary Provisions) Act 1984 provides for a person whom a constable has arrested on reasonable grounds of suspecting him to be guilty of an offence under Section 1, 9 or 10 of the Act, or to be or to have been involved in terrorism connected with the affairs of Northern Ireland, to be detained in right of the arrest for up to 48 hours and thereafter, where the Secretary of State extends the detention period, for up to a further five days. Section 12 substantially re-enacted Section 12 of the Prevention of Terrorism (Temporary Provisions) Act 1976 which, in turn, substantially re-enacted Section 7 of the Prevention of Terrorism (Temporary Provisions) Act 1974.

Article 10 of the Prevention of Terrorism (Supplemental Temporary Provisions) (Northern Ireland) Order 1984 (SI 1984/417) and Article 9 of the Prevention of Terrorism (Supplemental Temporary Provisions) Order 1984 (SI 1984/418) were both made under Sections 13 and 14 of and Schedule 3 to the 1984 Act and substantially re-enacted powers of detention in Orders made

Human Rights Act 1998 (Schedule 3)　　　　［イギリス憲法典］

under the 1974 and 1976 Acts. A person who is being examined under Article 4 of either Order on his arrival in, or on seeking to leave, Northern Ireland or Great Britain for the purpose of determining whether he is or has been involved in terrorism connected with the affairs of Northern Ireland, or whether there are grounds for suspecting that he has committed an offence under Section 9 of the 1984 Act, may be detained under Article 9 or 10, as appropriate, pending the conclusion of his examination. The period of this examination may exceed 12 hours if an examining officer has reasonable grounds for suspecting him to be or to have been involved in acts of terrorism connected with the affairs of Northern Ireland.

Where such a person is detained under the said Article 9 or 10 he may be detained for up to 48 hours on the authority of an examining officer and thereafter, where the Secretary of State extends the detention period, for up to a further five days.

In its judgment of 29 November 1988 in the Case of *Brogan and Others*, the European Court of Human Rights held that there had been a violation of Article 5 (3) in respect of each of the applicants, all of whom had been detained under Section 12 of the 1984 Act. The Court held that even the shortest of the four periods of detention concerned, namely four days and six hours, fell outside the constraints as to time permitted by the first part of Article 5 (3). In addition, the Court held that there had been a violation of Article 5 (5) in the case of each applicant.

Following this judgment, the Secretary of State for the Home Department informed Parliament on 6 December 1988 that,

[イギリス憲法典]　　　　　Human Rights Act 1998 (Schedule 3)

against the background of the terrorist campaign, and the overriding need to bring terrorists to justice, the Government did not believe that the maximum period of detention should be reduced. He informed Parliament that the Government were examining the matter with a view to responding to the judgment. On 22 December 1988, the Secretary of State further informed Parliament that it remained the Government's wish, if it could be achieved, to find a judicial process under which extended detention might be reviewed and where appropriate authorised by a judge or other judicial officer. But a further period of reflection and consultation was necessary before the Government could bring forward a firm and final view.

Since the judgment of 29 November 1988 as well as previously, the Government have found it necessary to continue to exercise, in relation to terrorism connected with the affairs of Northern Ireland, the powers described above enabling further detention without charge for periods of up to 5 days, on the authority of the Secretary of State, to the extent strictly required by the exigencies of the situation to enable necessary enquiries and investigations properly to be completed in order to decide whether criminal proceedings should be instituted. To the extent that the exercise of these powers may be inconsistent with the obligations imposed by the Convention the Government has availed itself of the right of derogation conferred by Article 15 (1) of the Convention and will continue to do so until further notice.

Dated 23 December 1988.

Human Rights Act 1998 (SCHEDULE 3)　　　［イギリス憲法典］

The 1989 notification

The United Kingdom Permanent Representative to the Council of Europe presents his compliments to the Secretary General of the Council, and has the honour to convey the following information.

In his communication to the Secretary General of 23 December 1988, reference was made to the introduction and exercise of certain powers under section 12 of the Prevention of Terrorism (Temporary Provisions) Act 1984, Article 9 of the Prevention of Terrorism (Supplemental Temporary Provisions) Order 1984 and Article 10 of the Prevention of Terrorism (Supplemental Temporary Provisions) (Northern Ireland) Order 1984.

These provisions have been replaced by section 14 of and paragraph 6 of Schedule 5 to the Prevention of Terrorism (Temporary Provisions) Act 1989, which make comparable provision. They came into force on 22 March 1989. A copy of these provisions is enclosed.

The United Kingdom Permanent Representative avails himself of this opportunity to renew to the Secretary General the assurance of his highest consideration.

23 March 1989.

PART II
RESERVATION

At the time of signing the present (First) Protocol, I declare

[イギリス憲法典]　　　　　Human Rights Act 1998 (Schedule 3)

that, in view of certain provisions of the Education Acts in the United Kingdom, the principle affirmed in the second sentence of Article 2 is accepted by the United Kingdom only so far as it is compatible with the provision of efficient instruction and training, and the avoidance of unreasonable public expenditure.

　Dated 20 March 1952. Made by the United Kingdom Permanent Representative to the Council of Europe.

Human Rights Act 1998 (Schedule 4)　　　　［イギリス憲法典］

SCHEDULE 4
JUDICIAL PENSIONS

Duty to make orders about pensions

1.—(1) The appropriate Minister must by order make provision with respect to pensions payable to or in respect of any holder of a judicial office who serves as an ECHR judge.

(2) A pensions order must include such provision as the Minister making it considers is necessary to secure that—

  (a) an ECHR judge who was, immediately before his appointment as an ECHR judge, a member of a judicial pension scheme is entitled to remain as a member of that scheme;

  (b) the terms on which he remains a member of the scheme are those which would have been applicable had he not been appointed as an ECHR judge; and

  (c) entitlement to benefits payable in accordance with the scheme continues to be determined as if, while serving as an ECHR judge, his salary was that which would (but for section 18 (4)) have been payable to him in respect of his continuing service as the holder of his judicial office.

Contributions

2. A pensions order may, in particular, make provision—

  (a) for any contributions which are payable by a person who remains a member of a scheme as a result of the order, and which would otherwise be payable by deduction from his

[イギリス憲法典]　　　Human Rights Act 1998 (SCHEDULE 4)

salary, to be made otherwise than by deduction from his salary as an ECHR judge; and

(b) for such contributions to be collected in such manner as may be determined by the administrators of the scheme.

Amendments of other enactments

3. A pensions order may amend any provision of, or made under, a pensions Act in such manner and to such extent as the Minister making the order considers necessary or expedient to ensure the proper administration of any scheme to which it relates.

Definitions

4. In this Schedule—

"appropriate Minister" means—

(a) in relation to any judicial office whose jurisdiction is exercisable exclusively in relation to Scotland, the Secretary of State; and

(b) otherwise, the Lord Chancellor;

"ECHR judge" means the holder of a judicial office who is serving as a judge of the Court;

"judicial pension scheme" means a scheme established by and in accordance with a pensions Act;

"pensions Act" means—

(a) the County Courts Act (Northern Ireland) 1959;

(b) the Sheriffs" Pensions (Scotland) Act 1961;

(c) the Judicial Pensions Act 1981; or

123

Human Rights Act 1998 (SCHEDULE 4) ［イギリス憲法典］

(d) the Judicial Pensions and Retirement Act 1993; and

"pensions order" means an order made under paragraph 1.

〈訳著者紹介〉

田島　裕（たじま　ゆたか）

昭和15年4月30日　愛知県に生まれる。東京大学大学院博士課程修了後、昭和49年4月より平成2年3月まで、大阪市立大学法学部に勤務。平成2年4月より、筑波大学大学院教授。ケンブリッジ大学（ブリティッシュ・カウンシル・フェロー）、ハーバード・ロー・スクール（フルブライト）、キャリフォーニア大学バークレー（フルブライト）、バーミンガム大学など、客員教授

◆**田島裕著作集　全8巻**◆　A5変上製

1. アメリカ憲法－連邦憲法の構造と公法原理
2. イギリス憲法－議会主権と法の支配　(続刊)
3. 英米の裁判所と法律家
4. コモン・ロー（不法行為法と契約法）　(続刊)
5. 英米の土地法と信託法　(続刊)
6. 英米企業法
7. 刑法・証拠法・国際法
8. 英米法判例の法理論

◆**著作集　別巻**◆　四六判上製

1. 比較法の方法
2. イギリス憲法典－1998年人権法
3. イギリス法入門〔第2版〕
4. アメリカ法入門　(続刊)

＊本書は2001年に単行本として刊行された。

イギリス憲法典──1998年人権法

2010(平成22)年6月20日　文庫第1版第1刷発行　8002=012-150-150=980e

訳著者　田島　裕
発行者　袖山貴・稲葉文子
発行所　株式会社　信山社

〒113-0033　東京都文京区本郷6-2-9-102
tel 03-3818-1019　fax 03-3818-0344
笠間市才木レサ支店　〒309-1600 笠間市笠間（才木）515-3
Tel 0296-71-9081　fax 0296-71-9082
笠間市来栖支店　〒309-1625 笠間市来栖2345-1
Tel 0296-71-0215　fax 0296-71-5410
Printed in Japan, 2010, 田島裕，出版契約 No. 2010-8002-9-01010

P144 印刷・東洋印刷　製本・渋谷文泉閣
ISBN978-4-7972-8002-9 C3332 ¥980E　分類01-323-801-a001

JCOPY 〈(社)出版者著作権管理機構 委託出版物〉本書の無断複写は著作権法上の例外を除き禁止されています。複写される場合は、そのつど事前に、(社)出版者著作権管理機構（電話 03-3513-6969・fax03-3513-6979・info@jcopy.or.jp）の許諾を得て下さい。

法学の授業を担当していると、六法を持っていない受講者を見かけることがある。成文法主義をとるわが国では、法学の学習にとって六法は不可欠のものである。この六法はとくに法学の講義用に編集されたもので、そのため、収録条文も工夫して絞り込んであるが、法学の授業における実定法の条文に関する情報量は十分であると思う。受講者はこの六法をとおして法律に親しんでもらえるものと確信している。　私は法学の授業を永年にわたり担当した経験者として、この『法学六法'10』を推薦したいと思う。
2010年10月　石川　明

編集代表　石川　明・池田真朗他
法学六法'10
四六並製箱入り 携帯版　544頁　1,000円

編集代表　石川　明・池田真朗他
標準六法'10
四六並製箱入り 携帯版　1090頁　1,280円

編集代表　芹田健太郎
コンパクト学習条約集
四六並製箱入り 携帯版　544頁　1,450円

編集代表　小笠原正・塩野宏・松尾浩也
スポーツ六法'10
四六並製箱入り 携帯版　800頁　2,500円

編集代表　田村和之
保育六法'10
四六並製箱入り 携帯版　712頁　1,880円

甲斐克則編
医事法六法
四六並製箱入り 携帯版　560頁　2,200円

定期借家権　阿部泰隆・野村好弘・福井秀夫編　4800円

実務注釈　定期借家法　2500円

定期借家のかしこい貸し方・借り方　阿部泰隆著　2000円

通行権裁判の現代的課題　岡本詔治著　9800円

隣地通行権の理論と裁判（増補版）　岡本詔治著　9800円

不動産無償利用権の理論と裁判　岡本詔治著　12800円

私道通行権入門　岡本詔治著　2000円

イタリア物権法　岡本詔治著　10000円

近代不動産賃貸借法の研究　小柳春一郎著　12000円

現代民法研究(2)不動産法・消費者法　栗田哲男著　15000円

アメリカ不動産法の研究　中村晶美著　3500円

英国不動産法　西垣　剛著　16000円

不動産仲介契約論　明石三郎著　12000円

不動産登記手続と実体法　日本司法書士連合会編　2800円

不動産附合の判例研究　平田健治著　2200円

借地借家法の新展開　甲斐道太郎先生喜寿記念　6600円

居住福祉学の構築　叢書創刊第1号・早川和男・吉田邦彦・岡本祥浩編　2800円

ホームレス・強制立退きと居住福祉　叢書第2号・早川和男・吉田邦彦・岡本祥浩編　2800円

中山間地の居住福祉　叢書第3号・早川和男・吉田邦彦・岡本祥浩編　1100円

プラクティス民法 債権総論　潮見佳男著　4000円
フランス民法　大村敦志著　法律学の森　3500円
判例プラクティス憲法　憲法判例研究会編　近刊
淺野博宣・尾形健・小島慎司・宍戸常寿・曽我部真裕・中林暁生・山本龍彦
判例プラクティス刑法Ⅰ総論　成瀬幸典・安田拓人編　4000円
判例プラクティス刑法Ⅱ各論　成瀬幸典・安田拓人・島田聡一郎編　予4000円
判例プラクティス民法Ⅰ総則・物権　松本恒雄・潮見佳男編　3500円
判例プラクティス民法Ⅱ　債権　予3800円
判例プラクティス民法Ⅲ　家族法　予3800円
債権総論Ⅰ(第2版)4800円Ⅱ(第版)法律学の森　潮見佳男著　4800円
プラクティス労働法　山川隆一編　3800円
プラクティス国際法講義　柳原正治・森川幸一・兼原敦子編　3500円
プラクティス行政法　木村琢麿著　3500円
社会保障法研究　創刊第1号　岩村正彦・菊池馨実責任編集
　◆信山社双書 法学編
法学刑法1 総論　設楽裕文編　1200円
法学刑法2 各論　設楽裕文編　1400円
法学刑法3 演習　設楽裕文編　予1400円
法学刑法4 演習　設楽裕文編　予1400円
法学刑法5 総論判例　設楽裕文編　予1400円
法学刑法6 各論判例　設楽裕文編　予1400円
法学医事法　前田和彦著　予1400円　企画中
　◆信山社双書 実際編
「定借」の活用と実際　荒木清三郎著　1500円

◇法学講義のための法令条文重要六法◇
法学六法'10
四六並製箱入り携帯版 544頁 1,000円

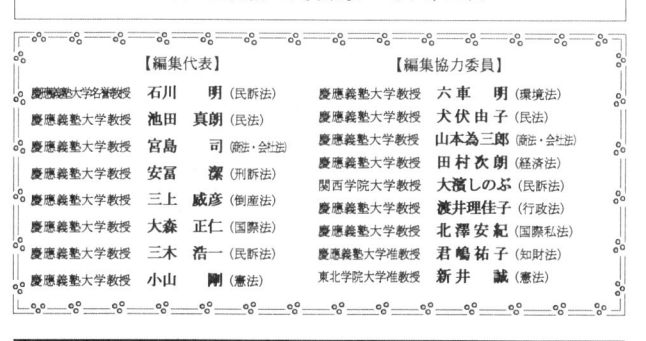

【編集代表】

慶應義塾大学名誉教授	石川 明	(民訴法)
慶應義塾大学教授	池田 真朗	(民法)
慶應義塾大学教授	宮島 司	(商法・会社法)
慶應義塾大学教授	安冨 潔	(刑訴法)
慶應義塾大学教授	三上 威彦	(倒産法)
慶應義塾大学教授	大森 正仁	(国際法)
慶應義塾大学教授	三木 浩一	(民訴法)
慶應義塾大学教授	小山 剛	(憲法)

【編集協力委員】

慶應義塾大学教授	六車 明	(環境法)
慶應義塾大学教授	犬伏由子	(民法)
慶應義塾大学教授	山本為三郎	(商法・会社法)
慶應義塾大学教授	田村次朗	(経済法)
関西学院大学教授	大濱しのぶ	(民訴法)
慶應義塾大学教授	渡井理佳子	(行政法)
慶應義塾大学教授	北澤安紀	(国際私法)
慶應義塾大学准教授	君嶋祐子	(知財法)
東北学院大学准教授	新井 誠	(憲法)

『法学六法'10』 推薦の言葉
慶應義塾大学名誉教授 石川 明

　法学の授業を担当していると、六法を持っていない受講者を見かけることがある。成文法主義をとるわが国では、法学の学習にとって六法は不可欠のものである。この六法はとくに法学の講義用に編集されたもので、そのため、収録条文も工夫して絞り込んであるが、法学の授業における実定法の条文に関する情報量は十分であると思う。受講者はこの六法をとおして法律に親しんでもらえるものと確信している。私は法学の授業を永年にわたり担当した経験者として、この『法学六法'10』を推薦したいと思う。

2010年10月　石川 明

〈全国図書館・資料室必備の法学学習者・中高市民の法教育教材として便利〉

広中俊雄 編著
日本民法典資料集成 1
第 1 部 民法典編纂の新方針
４６倍判変形　特上製箱入り1,540頁　本体２０万円

① **民法典編纂の新方針**　発売中 直販のみ
② 修正原案とその審議：総則編関係　近刊
③ 修正原案とその審議：物権編関係　近刊
④ 修正原案とその審議：債権編関係上
⑤ 修正原案とその審議：債権編関係下
⑥ 修正原案とその審議：親族編関係上
⑦ 修正原案とその審議：親族編関係下
⑧ 修正原案とその審議：相続編関係
⑨ 整理議案とその審議
⑩ 民法修正案の理由書：前三編関係
⑪ 民法修正案の理由書：後二編関係
⑫ 民法修正の参考資料：入会権資料
⑬ 民法修正の参考資料：身分法資料
⑭ 民法修正の参考資料：諸他の資料
⑮ 帝国議会の法案審議
　　　―附表　民法修正案条文の変遷

◇塙浩 西洋法史研究著作集◇

1. ランゴバルド部族法典
2. ボマノワール「ボヴェジ慣習法書」
3. ゲヴェーレの理念と現実
4. フランス・ドイツ刑事法史
5. フランス中世領主領序論
6. フランス民事訴訟法史
7. ヨーロッパ商法史
8. アユルツ「古典期ローマ私法」
9. 西洋諸国法史（上）
10. 西洋諸国法史（下）
11. 西欧における法認識の歴史
12. カースト他「ラテンアメリカ法史」
    クルソン「イスラム法史」
13. シャヴァヌ「フランス近代公法史」
14. フランス憲法関係史料選
15. フランス債務法史
16. ビザンツ法史断片
17. 続・ヨーロッパ商法史
18. 続・フランス民事手続法史
19. フランス刑事法史
20. ヨーロッパ私法史
21. 索　引　未刊

2010.6.1

潮見佳男 著
プラクティス民法 債権総論 (第3版)　4,000円
債権総論 I (第2版)　4,800円
債権総論 II (第3版)　4,800円
契約各論 I　4,200円
契約各論 II　続刊
不法行為法 I (第2版)　4,700円
不法行為法 II (第2版)　近刊
不法行為法 III (第2版)　近刊
新　正幸 著　憲法訴訟論　6,300円　改訂中
藤原正則 著　不当利得法　4,500円　改訂中
青竹正一 著　新会社法 (第2版)　4,800円
泉田栄一 著　会社法論　6,880円
高　翔龍 著　韓　国　法　6,000円
小宮文人 著　イギリス労働法　3,800円
石田　穰 著　物権法 (民法大系2)　4,800円
石田　穰 著　担保物権法 (民法大系3)　予8,600円
加賀山茂 著　現代民法学習法入門　2,800円
加賀山茂 著　現代民法担保物権法　予5,000円
平野裕之 著　民法総合シリーズ (全6巻)

1　民法総則　続刊
2　物権法　続刊
3　担保物権法 (第2版)　3,800円
4　債権総論　続刊
5　契約法　4,800円
6　不法行為法 (第2版)　4,000円　(1,2,4続刊)

2010.6.1